식물교도소

장웅상 시집

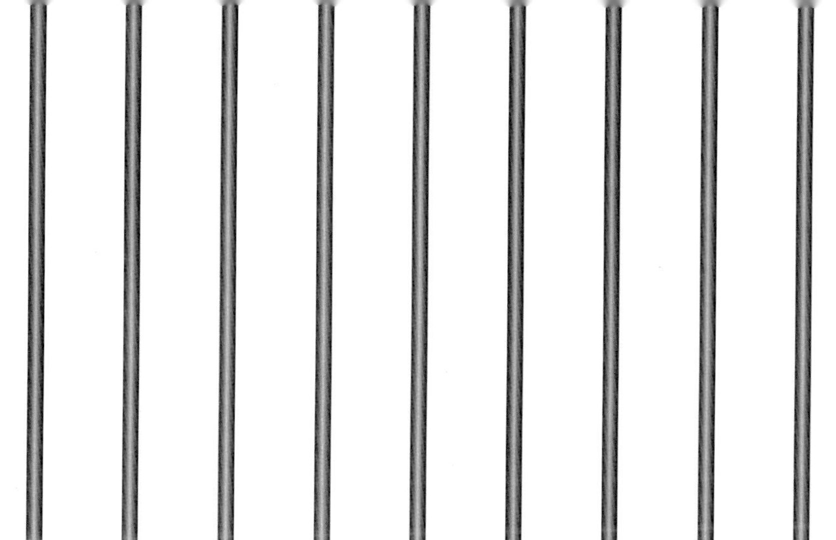

문학공원 시선 205

식물교도소

장웅상 시집

아무런 이유도 모른 채 끌려온 죄수들
마곡나루 철창에 삼 년째 갇힌 채
무기징역을 선고받아 녹색 죄수복을 입고 있다

꿈속에서나마 이카루스가 되어 힘찬 비행을 꿈꾼다

문학공원

자서

서서히 물들어가는 시

부족함이 많은 제가 첫 시집을 출간하게 되었습니다. 영국의 낭만주의 시인 워즈워드는 "모든 훌륭한 시는 힘 있는 감정의 자발적인 흘러넘침이다."라고 말했고 중국의 시선 이백은 "대자연이 내게 문장력을 빌려주었도다."라고 이야기했습니다. 두 시인 모두 시에는 영감이 필요함을 강조했지만 저는 시를 쓰면 쓸수록 영감이 나오지 않아 제가 시인의 자질이 있긴 있나 하고 고민한 적이 한두 번이 아니었습니다. 부족한 제 시의 축사와 시평 그리고 글을 써주신 네 분께 깊이 감사드립니다.

먼저 제 시의 서문을 써주신 서울시인대학의 최병준 학장님께 감사드립니다. 서울시인대학에서 최병준 학장님께 현대시에서의 하이퍼시에 대해 많은 것을 배웠습니다.

제 시의 시평을 해주시고 제 첫 시집을 멋지게 만들어주신 시인이자 비평가이신 김순진 교수님께도 감사드립니다. 김순진 교수님께 다양한 형태의 시와, 특히 인칭은유심상법과 말놀이시, 패러디시 등을 배운 것이 시 쓰기에 많은 도움이 되었습니다.

제 시의 표4를 써주신 이혜준 교수님께 깊이 감사드립니다. 이혜준 교수님은 시조를 잘 쓰시고 짧은 시 속에 깊은 울림이 있는 함축미가 일품입니다. 또 제 시의 표4를 써주신 전하라 시인님께도 감사드립니다. 전하라 시인님은 일상에서 느끼는 느낌들을 이야기체 시의 형식으로 잘 쓰시고 페미니즘의 관점과 묘사심상법이 압권입니다. 그리고 제 영문시를 감수해주신 스캇 교수님, 일어로 번역해주신 사카모토 마키 작가님, 그리고 중국어로 번역해주신 임유의 교수님께 감사드립니다.

제 시에 등장하는 형과 초등학교 친구들 모임인 '좋은 친구들', 그리고 시공부를 함께 한 여러 문우님들께도 진심으로 감사드립니다. "사랑이란 게 처음부터 풍덩 빠지는 줄만 알았지. 이렇게 서서히 물들어버리는 것인 줄은 몰랐어." 한국 영화 『미술관 옆 동물원』에 나오는 대사입니다. 이처럼 시는 한 번에 풍덩 빠져들기보다는 조금씩 빠져드는 게 묘미입니다.

마지막으로 제 시에 자주 등장하는 제 인생의 동반자이자 지지자인 사랑하는 아내에게 제 첫 시집을 바칩니다.

2022년 늦은 봄

장 웅 상 배상

서문

독특한 깊이와 넓이의 시편들

다울 최 병 준(서울시인대학장)

장웅상 시인의 첫 시집 출판을 진심으로 축복 축하합니다. 씨에서 시작한 새싹들과 함께 뿌리가 내리고 가지를 뻗으며, 잎이 무성하고 열매가 맺히기까지 과정 과정마다 신비함을 느끼는 계절입니다. 지난겨울에 내린 눈들이 녹아 개울로 흐르고 강변을 지나더니 지금쯤 바다 어딘가에서 시와 함께 향유하고 있을 것이라 생각하니 행복합니다.

"남이 나와 마찬가지로 잘할 수 있었을 일이라면 하지 말고 남이 나와 같이 훌륭히 말할 수 있었을 것이라면 말하지 말며, 나와 마찬가지로 남이 쓸 수 있는 것은 쓰지 말라"는 앙드레지드의 충고가 아니더라도 언어의 창의자요, 깨달음의 눈으로 독특한 시의 색깔을 찾아낸 과정들이 아름답습니다.

다음은 장웅상 시인의 시집에 실린 제목들의 일부입니다.

"가을 하늘을 향해, 꽃이 된 남자, 내가 가장 사랑하는 여자, 달래 된장찌개, 모자 예찬, 미켈란젤로 광장의 노을, 소중한 그녀, 수레바퀴를 돌리다, 시간의 문을 열다, 시어(詩魚)를 낚다, 아버지의 빈자리, 아버지의 술잔, 알밤, 어머니별, 여백을 채우다, 이백을 만나다, 절세미인 그녀, 죽도를 들어 올리다"

자연과 삶, 가족 그리고 시의 철학으로 이어지는 여정들이 독특한 깊이와 넓이가 있으며, 오감이 살아있는 Hyper Text 시적인 맛과 멋들이 숨겨져 있습니다. 시어들이 부드럽고 섬세하면서도 관념과 Metaphor의 표현이 능숙한 경지에 이르고 있음을 알 수 있습니다.

영문학박사 포함 10개의 학위 속에는 많은 지식과 경험 그리고 수많은 시들이 숨겨져 있을 것으로 생각됩니다. 모두 캐내어 시성(詩聖)에도 도전하시길 바랍니다.

에머슨은 두 종류의 시인이 있다고 했습니다. "하나는 교육과 실습에 의한 시인이고 또, 하나는 타고난 시인이 있으며, 우리는 그를 존경하며, 사랑한다."고 말했습니다. 시인은 존경의 대상이고 사랑해야 할 존재입니다. 이러한 의미에서 장웅상 시인은 두 종류 모두를 충족하고 있으며, 시에 대한 정열의 결과로 승화된 명시들이 빛나고 있습니다. 독자 여러분들의 일독을 권합니다.

차례

4 자서
6 서문 - 최병준(서울시인대학 학장)

1부. 시는 로또다

14 행운의 2달라
16 이상(李箱)의 이상(異常)과 이상(理想)
18 시어(詩魚)를 낚다
19 If 라면
20 소중한 그녀
21 사과를 먹다
22 그날의 기억
23 C의 유언
24 극한 직업
26 성가족성당의 고백
28 채널 고정
30 식물교도소
31 마지막 외출
32 J라면의 레시피
34 다시 찾은 태양
36 도저히 안 풀리는 승부
38 마법의 볼펜
40 모자 예찬
42 시는 로또다
44 술시, 술 마시는 시간
46 삶의 비린내

2부. 수레바퀴를 돌리다

48 21세기 건배사
50 PAST
52 시간의 문을 열다
54 스토리텔링법 청혼
56 다양해
57 다시 살기로 했다
58 신데렐라와 왕자
59 목마른 구름
60 발자국
61 스무고개
62 신형 자동차, 소울
63 다육이의 꿈
64 동명이인
65 미켈란젤로 광장의 노을
66 손목시계
67 수레바퀴를 돌리다
68 주식
69 삶은 쓰다
70 선물
71 연기론(緣起論)
72 보물을 찾다
73 달래된장찌개

3부. 다람쥐의 꿈

76 죽도를 들어올리다
77 광양 매화 처자
78 낙엽, 드디어 운항을 시작하다
79 가을 하늘을 향해
80 갯버들
81 김
82 길상사 가을 단풍
83 다람쥐의 꿈
84 겨우살이
85 겨울 덕유산 산행
86 해사부
87 구주령을 지나며
88 울릉도의 전설을 품은 바위
89 월영교(月映橋) 전설
90 월미도 갈매기
91 왕을 사랑한 그녀
92 긍정의 나무
94 참새는 죽어도 짹 한다

4부. 아버지의 술잔

98 빙자하다
100 빨간 고무대야
101 모소대나무
102 천지여관
103 선운사 홍매화
104 어머니별
105 아버지의 술잔
106 영감님 어디 계세요
107 아버지의 빈자리
108 헌화가를 헌화하다
110 절세미인 그녀
112 이백을 만나다
114 타로
116 물論
117 엉덩이 낙하의 법칙
118 좋은 친구들
120 새떼들도 영화관을 뜨는 구나
121 금(金)요일 단상
122 시린 사랑

5부. 꽃이 된 남자

124 알밤
125 A Shelled Chestnut
126 앨범 속의 사진
127 A Photo in an Album
128 VR 안경을 들여다보다
129 細看VR眼鏡
130 내 마음의 정읍사
131 我心中的井邑詞
132 내가 가장 사랑하는 여자
134 わたしがいちばん愛する女
136 꽃이 된 남자
137 花になった男

140 작품해설
노자 장자의 숲으로 가는 여행 / 김순진

1부
시는 로또다

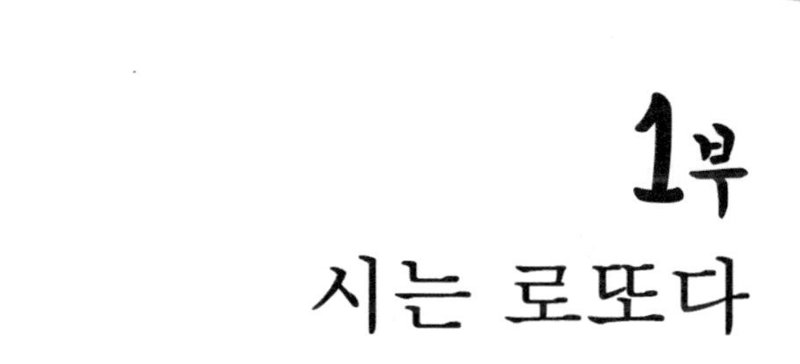

행운의 2달라

당신은 우리와 달라도 너무 달라you
미국에서 태어나서 피부색이 지들과 달라you
당신은 세계 곳곳을 누비고 다니지you
한국에서도 당신을 자주 볼 수 있지you
당신은 지들과 노는 물도 달라you
당신은 코드명도 가지고 있다지you
당신이 옆에만 있어도 배가 두둑해져you

미국 서부 개척시대 사람들은 특히 당신을 좋아했다지you
당신은 소원을 들어달라고 빌면 들어주는 힘이 있지you
당신은 여배우 그레이스 켈리를 모나코 왕비로 만들어준 행운아지you
근데 당신은 노력하지 않는 사람의 소원은 들어주지 않아you

당신은 항상 토마스 제퍼슨이 그려진 옷을 입고 다니지you
당신은 언제나 각 잡힌 몸을 만들기를 좋아해you
지난 연말 은행에서 우연을 가장하여 당신을 만났

지you
하늘에서 달라 벼락을 맞은 기분이었지you

당신을 안 후로 달라진 지 모습을 발견하게 되었지you
달라당 자빠지지 않고 앞만 보고 열심히 살아볼게you
지 좀 봐you
팍팍 좀 밀어줘you
그라믄 복 받을거you

이상(李箱)의 이상(異常)과 이상(理想)[1]

이상(李箱)과 그의 시집 오감도(烏瞰圖)에 대해 네가 모르는 것을 알려줄게
이상(李箱)의 본명은 김해경(金海卿)이야
그의 아버지가 바다처럼 넓은 곳을 다스리라고 붙여준 이름이지
그는 경성제대 건축과를 졸업하고
건설현장에서 감독으로 근무했어
일본인들은 그의 성을 이 씨로 잘못 알고 이상(李さん)이라 불렀지

그는 시 속에 엄청난 수수께끼 상자를 넣었어
그래서 그는 이상(李箱)이 되었지
그의 시는 띄어쓰기가 없어서 너무 이상(異常)해
오감도(烏瞰圖)는 다섯 가지 감각의 그림인 오감도(五感圖)가 아니야
그는 건축과를 다녀서 조감도(鳥瞰圖)를 만들었는데
제목을 오감도(烏瞰圖)로 바꿨지
오감도(烏瞰圖)는 식민지시대 지식인의 이상(理想)이 표현된 시야

---

1) 이상에 관한 논문 제목

그는 30세도 못 되어 죽은 시인이지만
그는 더 이상 천재 이상(以上)도 천재 이하(以下)도 아니야
이상(以上) 이상무(異常無)

시인(市人, 카페 주인)으로서의 그의 봄날은 갔지만
시인(詩人)으로서의 그의 봄날은 영원하다는 것을 시인(是認)해
이상(李箱)의 시가 아직도 내 몸 속에서 '이상(異常)한 가역반응'[2]을 하고 있어
내 이상(理想)의 겨드랑이에도 이상(李箱)의 날개가 이상(異常)하게 돋아나는 중이지

---

2) 이상 시의 제목

시어(詩魚)를 낚다

지인에게 한 쌍의 낚시인형을 선물 받았다
서재 책상 위에 인형들을 앉히고
낚싯대를 보다가 스르륵 잠이 들었다

사해(思海) 한가운데에서 던진 낚싯대에
치어(稚魚) 한 마리가 잡혔다
나는 게걸음으로 끌어올렸다
그만 미끼를 빼고 사라져버린 그 물고기

나는 실망하지 않았다
다시 한 번 마음의 옷깃을 다려 낚싯대를 힘껏 던졌다
그 순간 흔들바위를 들어올리는 듯한 묵직함
대어가 황금빛 선율을 연주하며
뇌망(腦網) 속에 들어왔다

사해에서 다시 낚싯대를 던진다
낚싯대가 석양의 노을 속에 달빛을 당긴다

If 라면

파마머리가 잘 어울리는 당신과 함께라면
연기처럼 몽글몽글해지는 내 마음
아시나요

백발머리가 잘 어울리는 당신과 함께라면
송어회처럼 쫄깃해지는 내 심장소리
들리시나요

이 세상 어디든지 당신과 함께라면
통장처럼 든든해지는 내 몸
보이시나요?

김치만 있어도 당신과 함께라면
산해진미 부럽지 않은 행복
느끼시나요?

나는 오늘도 백화점 지하에서
살금살금 숨바꼭질합니다
사나이라면 좋아하지 않을 수 없는 당신

소중한 그녀

밥 없이는 살아도 그녀 없이는 살 수 없다
아침에 눈 뜨면 생각나는 그녀
새벽에도 그녀가 생각나서 잠에서 깨었다
팔월 어느 날 폭염을 동반한 게릴라성폭우가 내리기 전
그녀 생각으로 숨이 찼다

백색의 순수함을 지닌 그녀
담백하고 투정도 부리지 않는 그녀
그녀를 두고 혼자 여행한 적이 있었다
그녀 없이 지내야 한다는 생각에 입에 침이 바짝바짝 말랐다
그녀를 발견했을 때
나는 너무 기뻐서 구름 위에 둥둥 떠있었다

내 생의 대부분을 차지한 그녀
나는 어느새 그녀의 껌딱지가 되어버렸다
나의 그녀, H2O

사과를 먹다

하늘군의 끈질긴 구애가 시작되었다
요리조리 피해 다니던 대지 양
결국 마음을 열고 받아들이기로 했나 보다
드디어 무지개 턱시도 입고 하늘군이 입장했다
대지 양은 꽃무늬 웨딩드레스 입고 사뿐사뿐 걸어
왔다
바람 마이크를 통해 흘러나오는
햇살 선생님의 주례사
검은 머리 파뿌리 되도록 사랑하겠느뇨
대답 대신 새들의 축가가 연주된다

그날 밤 나는 수십억 년 동안 금기시된
금단의 열매를 베어 물었다

그날의 기억

화천 평화의 댐 근처의
덤불 사이를 걷고 있었다
돌무덤 주변에서 외톨이가 된
녹슨 철모가 붉은 눈물을 흘리고 있었다

나는 철모의 못다 한 이야기를
말없이 들어주었다
그는 꽃도 피우지 못한 채 잠든
이름 없는 용사였다

그는 한 마리의 나비가 되어
민통선 철조망 위를 날고 있었다
하얀 여우비가 내리고 있었다
비속에 나비의 눈물이 자라고 있었다

C의 유언

가마솥이 무더위를 삶고 있다
태양이 땀을 흘리며 졸고 있다

열대야 속에서 졸다가 끌려온 C*
뜨거운 탕 속에서 생을 마쳤다
가족사진 한 장 못 찍은 채로

분하다
내 다음 생애에서는
반드시 사람으로 태어나리라

* C: 닭(Chicken)

극한 직업

저는 일 년 중 팔 개월은 쉬고
딱 사 개월만 일한답니다
특히 삼복더위 동안에는
주당 사십 시간 근무를 초과합니다

하루 종일 모서리에 홀로 서서
더운 공기를 밖으로 내보내는 게 제 주업무입니다
하루 종일 서서 일하다 보니
다리에 하지정맥류까지 생겼어요

주인님은 복날에 이열치열이라며
주방에서 삼겹살을 지글지글 굽고 혼자 잘도 드시는군요
주인님은 제가 냄새를 못 맡는 줄 아시나봐요
미세먼지도 맡는 제 후각은 개도 울고 갑니다

주인님은 저에게 하루 종일 일을 시키고
저는 무임금으로 주인님을 위해 군소리 않고 일합니다
제게 고맙다고 한 번이라도 쓰다듬어주세요

<

이상 어느 공기 조절자*의 넋두리였습니다

* 공기 조절자: 에어 컨디셔너(air conditioner)

성가족성당의 고백

나는 스페인의 바로셀로나에서 태어났습니다
나는 신실한 가톨릭 신자입니다
내 이름은 사그라다 파밀리아*입니다
내 의지는 대리석만큼 단단합니다

내 옆에 있는 말 없는 세 친구들의 이름은
순결을 중시하는 Palm
영생을 원하는 Sam
성령의 기름이 되고 싶은 Olive*입니다

수많은 인파들이 나를 만나기 위해
세계에서 밀물처럼 몰려들었죠
그때가 내 인생에
가장 머물고 싶던 순간이었습니다
투명왕관을 쓴 사탄들과의
총성 없는 전쟁도 있었습니다
그 후로 발길들이 눈에 보이게 줄어들어지요

그래도 나는 다시 모일 성스러운 가족들을 위해
두 손 잡고 하늘에 경건한 기도를 올립니다

* 사그라다 파밀리아: 사그라다는 스페인어이고 영어로 saint(聖人, 성인)를 파밀리아도 스페인어이고 영어로 family(가족) 다시 말해서 사그라다 파밀리아는 성스러운 가족을 의미한다.

* palm은 야자나무, Sam은 삼나무, Olive는 올리브나무를 영어로 표현한 글자이다.

채널 고정

가까운 곳은 정거장에서 기다릴 필요가 없다
호출하면 바로 나타나는 너는
나의 11호 운전기사
험한 산길도 마다하지 않는 너는
나의 영원한 페이스메이커
내가 있기 때문에 네가 있고
네가 있기 때문에 내가 있다

너는 나의 첫 걸음마도 함께 했다
만 번의 연습에도 일어나지 못해 낙담한 나를
다시 일어서게 하는 힘을 가진 너
나의 수많은 갈림길을 건너게 해준 너는
내 문제의 해결사
내가 인생의 바다를 잘 건너도록
기꺼이 다리(bridge)가 되어준 너

내가 가고 싶은 곳은 어디든지 따라가는
너는 지치지 않는 엔진
내가 기꺼이 살아갈 수 있는 이유는
세상과 살포시 다리(connection)를 놓아준
네가 있기 때문이다

<

미국의 작가 에드거 앨런 포는 시 「애너벨 리」에서
별이 뜰 때면 항상 아름다운 애너벨 리를 떠올렸다
나는 별이 뜰 때도 달이 뜰 때도
한순간도 놓치지 않고 사랑스런 너를 떠올리겠다

내 인생의 든든한 두 다리(leg)가 되어준 너
비가 오면 비가 오는 대로
눈이 오면 눈이 오는 대로
너와 함께 영원히 무지개다리(bridge)를 건겠다

식물교도소

아무런 이유도 모른 채 끌려온 죄수들
마곡나루 철창에 삼 년째 갇힌 채
무기징역을 선고받고 녹색 죄수복을 입고 있다
투명 유리에 갇힌 나를
관람객들은 아무 생각 없이 지켜보는구나
일망 감시장치를 이야기한 푸코의 말처럼
나는 스스로 나를 검열하고 있다
햇살이 눈부시면 눈부실수록
뜨거운 태양이 내리쬐는 그곳 생각이 간절했다
눈물이 폭포수가 되어 흘러내린 적이 한두 번이 아니었디

아무리 시설이 좋아도
나는 단지 새장 안에 갇힌 새일 뿐이다
남들에게는 희망을 준다고 하지만
정작 당사자인 나에게는 고문일 뿐이다
이미 바닥에 발이 묶여서 탈출할 수 없다
삼복더위도 내게는 시베리아의 겨울일 뿐이다

꿈속에서나마 이카루스가 되어 힘찬 비행을 꿈꾼다

마지막 외출

호롱불 밑에서 문학도의 꿈을 꾼 소년은
기울어진 가세로 학문의 날개를 접어야 했다
소년은 어느덧 청년이 되어 사업을 시작했다
그 청년은 정 많은 아내를 만났다
백지장보다 얇은 그의 귀
친한 벗이 되어 대화를 나누던 그의 술
인생야구장에서 수 없는 삼진 아웃 후 9회말 안타
조강지처의 갑작스러운 죽음으로 인한 그의 괴로움

재앙은 겹쳐서 찾아오는 법
그의 사업 기상도에 먹구름이 불어닥쳤다
천상에서 내려오지 말아야 할 그는 인간 세상에 유배 와서
살다가 하늘의 부름을 받고 레테의 강을 건넜다

길을 걸으면 그가 나에게 반갑다고 손짓할 것 같다
술 마시다가 그가 보고 싶어 저장된 전화번호로 호출해본다
소주잔에 그의 얼굴이 비친다
죽어도 잊혀지지 않을 보고 싶은 아버지의 얼굴

J라면의 레시피

열전도율이 높은 양은 냄비를 준비한다
물 500cc를 붓는다
가스레인지 불을 최대로 올리고
처음부터 끝까지 화력을 유지한다
5분 후 물이 끓으면 냄비 뚜껑을 열고 스프와 프레이크를 넣는다
식초를 한 방울 넣고 면발을 집게로 여러 번 들었다 놨다 한다
라면은 꼬들꼬들해야 제 맛이다
라면에 우유를 반 컵 넣어서 염분 농도를 낮춘다
두부를 넣고 충분히 익힌다
순한 맛을 원하면 달걀은 미리 풀어놓고
깨소금 참기름 후추 삼총사도 넣는다

대게 살을 추가하면 대개 승부가 기운다
스프가 끓을 때 게맛살은 구원투수다
부자가 먹는 삼계탕은 인삼에 닭 한 마리
빈자가 먹는 삼계탕은 삼양라면에 계란 하나
최고로 맛있는 라면은 반합에 끓인 군대라면
콩나물은 라면의 화룡점정
오징어와 낙지는 라면에 금상첨화

총총 썬 대파와 마늘은 최강의 데코레이션

식기에 끓는 라면을 붓는다
식은 밥과 배추김치 하나만 있어도
이미 왕후의 밥 왕후의 찬이다

다시 찾은 태양

늑대들이 호랑이들 몰래 태양을 훔쳐
바다 깊은 곳에 태양을 던져 넣었어
태양은 이유도 모른 채 바다 밑 동굴에 갇혀버렸어
태양을 잃은 세상은 온통 암흑이 되어버렸어

가만히 물러설 호랑이들이 아니지
그들은 태양을 다시 찾기 위해 고난의 십자가를 매었어
늑대들의 채찍질에 호랑이는 눈을 뜰 수가 없었어
호랑이들은 악마들의 감시를 피해 바다 깊이 잠수했어

태양이 바다 깊은 곳에서 홀로 흐느끼고 있었어
호랑이들은 있는 힘을 다해 태양을 바다 위로 들어올렸어
조금씩 태양은 바다 위로 올라가고
늑대들은 해변 숲에 몸을 숨기고 있었어

드디어 태양은 바다 위로 올라와서 빛을 찾았어
몇 마리의 호랑이들이 늑대들이 쏜 화살에 맞아 생을 마감했어

잠들어 있는 호랑이 용사의 영령들이
아직도 태양을 말없이 지키고 있어

도저히 안 풀리는 승부

도처의 사람들이 명절 때 모여 윷놀이를 한다
도대체 왜 명절 때만 윷놀이를 하는 거야
도 아니면 개
도 아니고 걸만 나온다

도무지 안 되겠다 싶어서 Back
도를 만들었다 이번에는 Back
도만 나온다 뚜껑 열리는 온도는 섭씨 100
도 난 왜 이다지
도 윷놀이가 안 될까

도레미파솔라시
도, 목을 가다듬고
도인의 경지로 던지는데 또 Back
도다

도가 지나칠 정도로 안 풀린다
도화선이 필요하다 이제는 계속
도는 안 나오고 윷과 모만 나온다
도도하게 게임하다가 다시
도만 나온다

도로 원점

도사님 도와주세용
도사님은 염불중
도루아미타불 도루아미타불
도로명 좀 알려줘잉
도사님 드디어 만나는 시간

마법의 볼펜

어느 날 한강 공원을 걷다가 낡은 볼펜을 주웠다
신주 모시듯 조심히 가져왔다
그 볼펜으로 한시를 한 편 필사해보았다

君不見(군불견)
黃河之水天上來(황하지수천상래)
奔流到海不復回(분류도해불부회)*

그대는 보지 못했는가
황하의 물이 하늘에서 내려와
세차게 흘러 바다에 이르면 다시 돌아오지 못한다는 것을

마법에 홀린 듯 일필휘지로 써진다
어느 날 나는 이 마법의 볼펜을 다시 하늘로 던졌다
볼펜은 하늘 위로 끝없이 날아가서 더 이상 보이지 않는다
나는 이 일을 겪은 후 뼛속까지 깊이 깨달았다
시의 진정한 마법의 볼펜은 깊은 생각의 가지라는 것을

* 중국 당나라의 詩仙(시선) 이백의 시 「장진주」의 첫 구절

모자 예찬

아무리 노력해도 너를 따라잡을 수 없었어
너는 항상 밖에서는 내 머리 꼭대기 위에 있었어
너와 함께 밖으로 나가기만 하면
너는 물 만난 물고기가 되어있었어
머리를 기르지 않아도 너만 있으면 나는 삼손이 되었어

내가 훈련소에 입대해서 힘든 훈련을 할 때도
너는 항상 내 곁에서 말없이 나를 지켜주었어
한 번은 깜빡하고 너 없이 여행한 적이 있었어
어느 날 네가 없어 가슴 한켠을 쓸어내린 적도 있었어

너는 평소에도 외출할 때에도 걷지 않는 행운을 가졌지
너는 항상 묵언수행 중이지
내가 기쁠 때에도 내가 슬플 때에도
너는 나를 안고 말 없는 가르침을 주지

태양빛이 이글거리는 한여름 더위도
너는 시원하게 막아주지

칼바람이 살을 파고드는 엄동설한에도
너는 내 얼굴을 따뜻하게 감싸주지

너와 함께 하면 파리의 멋진 패션쇼도 전혀 부럽지 않지
패션의 시작과 끝을 나와 함께 할 너
이 세상을 마감하는 그날까지
나는 모자람이 없는 너에게 끊임없이 출사표를 던지지

시는 로또다

재미로 꿈의 가게에서
자동으로 구입한 로또 한 장
추첨일 저녁 당첨번호를 맞추어 보았다
여섯 개의 숫자 가운데 맞은 세 개의 숫자
내 인생의 로또는 과연 언제였을까

내 생의 첫 번째 로또는 중학교 2학년 때였던 것 같다
홈런콘을 먹고 무심히 보낸 경품권이 만루 홈런을 쳤다
프로야구 선수 방망이가 집에 도착했다
수업만 끝나면 학교 운동장에서 동네 리그가 펼쳐졌다
사람만 생로병사가 있는 것이 아니었다
비 맞은 야구방망이는 아궁이 불쏘시개로
장렬하게 전사하며 짧은 생애를 마쳤다

내 인생의 두 번째 로또는 5년 전이었다
오래 전 넓은 서재가 필요해서 무심히 마당 넓은 집을 구입했다
내 손은 황금알을 낳는 마이더스의 손으로 변했다

<

내 인생의 세 번째 로또는 지천명을 지나
비로소 시창작반에서 시작(詩作)을 시작(始作)한 시쓰기 시간이다
올챙이 적 꿈이 뭍으로 뛰어오른다
추억과 미래와 친구와 희망을 한꺼번에 만날 수 있는 시는 로또다
지금이 내 인생 최고 행운의 순간이다

술시, 술 마시는 시간

- 김순진 시인의 「숨은그림찾기」를 패러디하다

말일 저녁에 키가 말만한 말 많은 친구와 말놀이를 했다

꽁치멸치삼치가물치염치갈치참치넙치곰치쥐치황새치

고구마순감자순우생순토란순양파순우엉순호박순오이순

소면냉면쫄면바다가육지라면쌀면콩면밀면라면비빔면너구리라면

을지로퇴계로맘대로수표로세종대로희우정로다산로충장로

삼다수탄산수정화수이만수빙하수광천수해양심층수이온수

감자전김치전고지전배추전파전녹두전호박전부추전동태전

김치말이국수잔치국수여류국수냉콩국수비빔국수열무국수

초현실주의낭만주의자연주의요주의고전주의상징주의사실주의

소쩍새두견새뜸북새박새황새도요새금난새물떼새동박새방울새

어느새 잔이 비어 비어(beer) 두 잔 주문했다
우리는 칠성 사이다를 마시며 북두칠성을 보는 사이다
밥 한 술 안 뜨고 술 마시다 보니 벌써 술시(戌時)[*]다
슬슬 술래잡기 놀이를 끝낼 시간

* 술시: 저녁 7시~9시

삶의 비린내

생선구이 전문점에 들러 갈치구이를 주문했다
노릇노릇하게 구워진 갈치가 눈앞에 입장했다
겉은 바삭바삭하고 속은 촉촉한 게
바로 내가 원하는 맛이다
새벽바람 뚫고 바다 한가운데에서 사투한
어부의 비릿한 삶이 갈치구이 속에 배어 있다

세상 물정 모르고 천진난만했던 달달한 주스의 맛
영어의 매력에 푹 빠져 살았던 달콤한 사탕의 맛
새벽부터 영어를 강의하던 새콤달콤한 비빔밥의 맛
새로운 학문들을 다양하게 공부한 몇 년 묵은 김치의 맛
저자가 되고 타로와 점성학 상담도 함께 하는 사골설렁탕의 맛

내가 살아 있는 그날까지
내 인생의 파도는 출렁일 것이다
내가 살아 있는 그날까지
내 생의 지느러미는 생의 물결을 가를 것이다
내가 살아 있는 그날까지
내 삶의 비린내는 진동할 것이다

2부
수레바퀴를 돌리다

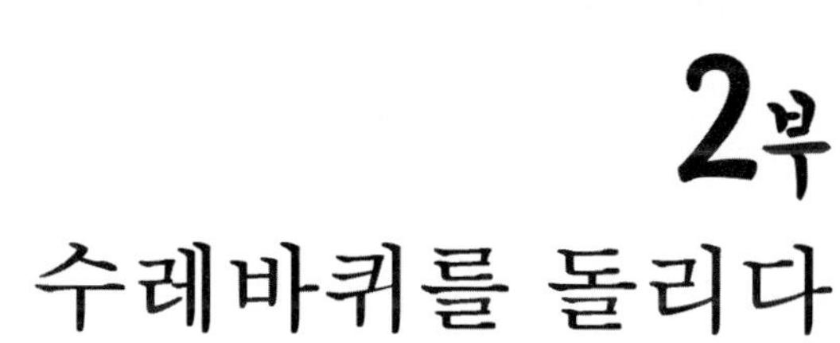

21세기 건배사

- 「장진주(將進酒)」*를 패러디하다

당신은 알랑가 몰라
하늘에서 내려온 빗물이 한강으로 유유히 흘러가면
21세기에는 다시 정화되어 식수로 사용된다는 것을

당신은 알랑가 몰라
21세기에는 칠십 대에도 검은 머리를 유지하는 사회가 되었다네
펜트하우스의 큰 거울 앞에서 더 이상 흰머리를 근심할 필요가 없다는 것을

무릇지기 인생은 즐기라고 있는 법
21세기에는 술잔이 비어도 달을 대할 수 있다네
하늘이 나에게 준 재주를 잘 써먹고 있다네
돈은 돌고 돌아서 돈이요
오고 가서 오까네(おかね)요
뭐니 뭐니 해도 머니가 최고여서 머니(money)라네

양념 반 프라이드 반 시켜서 치맥 한 잔 마셔 보세
치맥은 아무리 마셔도 취하지 않는다네
L씨 B씨 내 술을 사양해도 좋네
21세기에 누가 술을 권하겠나

그대들을 위해 노래 일발 장전하겠네
내 노래에 귀 기울이지 않고 술잔만 기울여도 좋다네
내가 오로지 원하는 건 술과 컨디션을 함께 마시고
다음 날 바로 깨어나는 것이라네

21세기에는 사이다 마시는 사람도 이름을 남길 수 있는 법
한 병에 몇 십만 원짜리 와인이 뭣이 그리 필요하당가
술을 마시는 게 아니라 대화를 마셔불라네
술집 주인은 왜 술 마실 돈이 없다고 한당가
나가 중고 시계와 스마트폰 있응께 모두 저당 잡고 좋은 막걸리와 바꿔와부러

만 년 동안의 근심이 뭣이 그리 중요하당가
시방 근심하는 게 중요하제
21세기인 오늘 별과 친구하며 니캉 내캉 술 한 잔 하지 않을랑가

이백 형님 원시를 한참 손상시켜 지송합니당

* 이백의 악부시

PAST

K는 자신이 산 정상에서 강한 자석처럼 빨려 들어가는 꿈을 꾸었어 비가 부슬부슬 내리는 여름날 코로나19의 여파로 산에 거의 가지 않았던 K는 갑자기 산행이 하고 싶어졌어 마스크를 쓰고 산에 올랐어 정상에 도착하니 숨이 헐떡거렸어 무언가 강한 힘에 이끌려서 걷고 있다는 느낌이 들었어 이상한 모양의 돌멩이가 보였어 PAST라 쓰여 있었어 돌멩이를 주머니에 넣고 집으로 머리맡에 두고 잠을 자다 손가락이 닿았어 갑자기 롤러코스터를 타고 태양 위로 올라가는 느낌이었어

K는 경주 첨성대 앞에 있었어 첨성대의 불빛이 너무나 멋졌어 신라시대에 와 있다는 걸 그때서야 깨달았어 K를 호기심 있게 쳐다보는 양반들과 평민들이 있었어 이상한 복장을 입고 있는 K는 관가로 끌려갔어 1500년 후의 세상에서 왔다고 말했지만 믿어주는 사람은 없었어 감옥에 갇혔어 며칠 후 풀려난 K는 첨성대 공사에 동원되었어 사람들이 무거운 돌을 나르고 있었어 이제 겨우 기초를 쌓고 있었어 K는 자신이 본 첨성대의 기억을 떠올려 돌을 어떻게 쌓을지 설명해주었어

첨성대가 완성된 후 K에게 찬사가 이어졌어 자신의 의지와는 상관없이 벼슬길에 오르게 되었어 이제 신라에 완전히 적응하게 되었을 때쯤 미래에서 온 또 다른 K가 있다는 걸 알았어 또 다른 K가 그 돌멩이를 벼랑 아래로 떨어뜨렸어 K는 그 돌멩이를 잡았지만 벼랑으로 떨어졌어 학이 날개를 힘차게 펴고 떨어지는 그를 받아서 열심히 날개를 저었어 미래에서 온 또 다른 K도 절벽 아래로 떨어졌어 또 다른 학 한 마리가 K를 태우고 미래로 날아갔어

K는 다시 첨성대 앞에 서 있었어 밤 10시가 넘어서 이제 문을 닫을 시간이라는 멘트가 흘러 나왔어 이제 더 이상 돌멩이가 필요하지 않다고 생각했어 돌멩이를 힘차게 강물에 던졌어 돌멩이가 석양의 햇살을 받으며 풍덩 소리를 내며 잠겼어 과거에서 K는 돌아왔어 1500년 전 죽은 새 한 마리를 산에 묻어준 것을 기억했어 그가 찾은 PAST라는 이름의 돌멩이에는 새의 영혼이 깃들어 있다고 느꼈어 꿈에는 두 가지 종류가 있어 살면서 꾸는 꿈과 자면서 꾸는 꿈이야 그렇지만 주어진 현실에서 최선을 다하며 살아가는 것이야말로 최고의 꿈인 것이지 한낮의 더위에 매미소리가 조금씩 잦아들고 있었어

시간의 문을 열다

어느 날 서랍을 정리하다가
편지 하나를 발견했어
편지에는 To handsome teacher로 시작되는
깨알 같은 글씨가 쓰여 있었어
젊은 남자가 칠판 앞에서 열강하는 모습이 보여

26년 전 나는 입시학원에서 영어를 가르치고 있었어
어느 날 나는 한 소녀로부터 멋진 바구니 선물을 받았어
바구니 속에는 초콜릿과 한 소녀의 손편지가 있었어
손편지에는 이렇게 쓰여 있었어
내게 수업 시간에 반말을 해달라고
내 입에서 물이 많이 나와 우산을 써야 한다고
큰 바위 얼굴, 소나기, 자다 봉창
이 별명들 중에서 하나를 선택하라고
공부를 잘한 열다섯 살이던 그 소녀는
지금쯤 중년의 여인이 되어 잘 살고 있을까

해마다 발렌타인데이가 되면 떠오르는 선물
내가 받았던 가장 풋풋한 선물
이제는 발렌타인데이가 되면

아내를 위해 바구니에 초콜릿을 넣고
아내에게 정성스럽게 손편지를 쓰지

스토리텔링법 청혼

그대가 나의 청혼을 받아준다면
나는 무엇이든 하지요
빨래도 런더리(laundry)*나지 않고
마을도 통째로 빌리지(village)*요

그대가 나의 마음을 알아준다면
나는 무엇이든 참지요
더 이상 버티고(vertigo)* 있을 수 없는
현기증도 잘 이겨내고 살지요

사랑의 왕국을 낼름(realm)* 만들어
그곳에 데려가고 싶어요 그대만을
나는 사색(死色)이 되지요 그대가 없으면
나는 사색(思索)에 잠기지요 그대만 만나면

회의(會議)를 하다가도 그대가 생각나네요
삶의 회의(懷疑)를 느끼지요 그대를 못 보면
섬이 보이지(voyage)*요 삶의 바다를 여행하다 보면
내 인생의 가로등 내 삶을 비추는 그대

* laundry(런드리): 빨랫감, 세탁물
* village(빌리지): 마을
* vertigo(벌티고): 현기증
* realm(렐름): 왕국
* voyage(보이지): 항해

다양해

역사 속으로 사라지는 지난해
그에 대한 오해
붉은 기운이 물든 다도해
그녀에 대한 이해

물질문명이 만든 공해
너로 인한 손해
그들이 만든 피해
행복을 막는 방해
모든 것에 대한 양해

힘찬 기운이 솟는 새해
새로운 희망을 너에게 약속해

다시 살기로 했다

반 평도 안 되는 관에 말없이 누워 있다
문이 닫히고 못 박는 소리 들린다

이제 이승을 떠나야 할 시간
심장 위로 쏟아지는 폭풍 눈물

관의 영혼이 내게 말한다
주머니 없는 수의에
뭘 그리 많이 넣으려고 하느냐고
살아있을 때 많이 베풀어라고

다시 관 뚜껑이 열린다
내 삶의 문도 열린다

신데렐라와 왕자

장맛비 내리는 어느 여름날 저녁
오랜만에 만난 지인들과 막걸리 무도회를 열었다
빗소리는 음악처럼 흐르고 탁주들이 춤을 춘다
어느새 파트너는 방울소주로 바뀐다

시간은 어느새 자정을 넘고
이야기는 천일야화처럼 끝나지 않는다
주머니 속에서는 진도 6.0의 지진이 인다
이제는 무도회를 빠져나올 시간

무도회에 오지 못한 채
학의 목을 빼고 기다리는 신데렐라를 위해
張나라 왕자는 무도회를 빠져나와
유리구두를 준비해 찾아간다

* 방울소주 : 사이다

목마른 구름

오랜만에 만난 지인과 식사 후
무릉도원 카페에서 아이스라떼를 주문했다
하늘이 보이는 전망 좋은 창가에 앉았다

연이은 무더위에 구름들이 목이 마른지
커피를 꿀꺽꿀꺽 마시고 있다

커피를 다 마신 구름이
커피잔에 구름빵 한 개를 슬그머니 넣어준다

구름을 담은 컵에
구름이 마신 커피를 마신다

발자국

문틈으로 지나간 10년의
아름다운 이행
연두색 앞치마에 펼쳐지는
아름다운 비행

마음을 나눌수록 커지는
아름다운 선행
지상의 천사들과 함께할
아름다운 동행

* 형 장창호가 아름다운가게에서 10년 동안 봉사한 것을 축하하며 동생 장웅상이 쓴 시

스무고개

꼬리에 꼬리를 물고 달립니다
강철 지구력을 지니고 달립니다
새벽부터 자정까지 달립니다

가끔씩 햇볕을 쪼이며 달립니다
항상 등을 켜고 달립니다
변함없이 종점까지 달립니다

나는 누구일까요
정답을 아시는 분은 밑으로 주소 나갑니다
서울 메트로에 응모하세요

정답을 맞힌 분께는 꿈 한 상자를 드리겠습니다
평생 꿈의 레일을 깔고 당신을 모시겠습니다
저는 지하를 누비는 시민의 발
지하철입니다

신형 자동차, 소울

5월 어느 날 저녁 광주에서 파란색 신형차 한 대가
파발마처럼 달려 내게로 왔다

그는 파란색 정장을 입고 있었다
그에게서 바다향기가 났다
나는 바닷물처럼 코발트빛 그에게 첫눈에 반했다
장대비가 떨어지던 날이면 그는 긴 팔을 흔들며
안개 자욱한 날이면 눈을 껌뻑이며 나를 안내했다
항상 한 메뉴만 고집하는 그와
솔바람 부는 숲길을 거닐고 싶다
그는 언제나 그림자처럼 나를 기다려준다

다육이의 꿈

아파트 베란다의
하늘이 잡히는 정원

두 팔 높이 벌려
햇살 영양제 맞으며
쑥쑥 자라고 있는 나

바늘구멍보다 작은
나의 숨구멍

그 안에 한 올 한 올 펼쳐진
황홀한 우주

동명이인

어느 가을 들국화 콘서트를 보러 갔지
성남아트센터 의자의 발밑으로
희망의 노래가 힘차게 행진하고 있었지

들국화는 다시 시작하면 되니 걱정 말라며
절규하는 목소리로 나를 끌어당겼지
들국화 콘서트에서 순수한 사랑으로
피어오르는 들국화 한 송이를 보았지

미켈란젤로 광장의 노을

이탈리아 피렌체의 노천극장
파란색 하늘 커튼이 열린다
부끄럼 타는 볼 빨간 여배우
고개를 슬그머니 내민다

두오모 성당 로얄석이 아닌
B석 베키오 다리 위
가로등도 기립박수를 보내고 있다
천지를 무대로 열연을 펼치는 그녀에게

손목시계

모두 잠든 이 시간
너는 가녀린 팔뚝을 흔들며
끝없이 내게로 달려온다

내가 잠든 이 시간
너는 토슈즈를 신고
살금살금 다가온다

내 맥박의 소리를 들으며
너는 내 삶의 행복과
고통을 함께 했구나

부끄러움 가득한 너는
언제나 내 주변을 맴도는
1미터 앞 연인이다

수레바퀴를 돌리다

내 안에 질주본능이 있었다
사십 대 후반에 공부한 타로
여왕은 태어나면서 가진 나의 선천수
전차는 살면서 가지게 된 나의 후천수

계획을 세우지 않으면 멈춰 서는 스핑크스
아폴론이 되어 태양마차를 몰고
첨탑을 지붕 삼아 성을 나선다
조화와 균형을 이루며

타로는 내면의식으로의 여행
오늘도 차를 마시며
내 마음의 정거장에서 첫차를 탄다

주식

너는 청개구리야
무슨 일이든 반대로 하지
관심을 주면 줄수록 나와 멀어지고
무심하면 할수록 내게 다가오지

너는 롤러코스터야
하루에도 수차례씩 정상과 바닥을 오르내리지
성공하면 빨간색 황소무늬 옷을 입고
실패하면 파란색 곰무늬 옷을 입지

너와 만나는 시간은
아홉 시부터 세 시 반까지야
너를 보고 싶으면 언제나 스마트폰을 켜야 해
주말과 공휴일은 너만의 휴식 시간을 줄게

사람들은 누구든지 때가 있다고 말하고
밥이 주식이라고도 말하지
나는 너의 치명적인 유혹에 이끌려
내가 가진 모든 것을 너에게 걸지

삶은 쓰다

누구에게나 인생은 쓰지
한약을 먹는데 약재가 쓰지
밥을 먹는데 입맛이 쓰지
자주 모자를 쓰지
날마다 양날 면도기를 쓰지
인생 게임에서는 말을 쓰지
생의 발견을 위하여 시를 쓰지
좀 더 나은 삶을 위하여 머리를 쓰지
가족과 이웃을 위하여 마음을 쓰지
사람답게 보이려고 돈을 쓰지
어떻게 사는 게 잘 사는 길인지 살려고 기를 쓰지
그래도 안 되면 애를 쓰지
나를 돌아다본다며 매일 쓰고 또 쓰지만
써지지 않을 땐 내면의 함성을 쓰지

원래 뾰족한 수 없는 삶은 쓰지
그럴 때 마시는 소주가 쓰지

선물

문우들과 함께 남도로 겨울 문학기행을 떠났어
저녁에 요술램프를 닦지 않고 잤어
다음 날 아침 7시에 모닝콜이 울렸어
그런데 장독대 위에 멋진 설국(雪國)이 펼쳐져 있었어
여행을 가면 언제나 아침 준비는 내 담당이었어
전자레인지에 게맛살을 돌렸어
코끝에 고소한 맛의 향연이 울려퍼졌어
게맛살을 으깨어 유부초밥을 만들었어
콩나물과 게맛살을 듬뿍 넣은 라면을 끓였어
반찬이라고는 김치가 전부였어
일류 호텔 뷔페에서보다 훨씬 맛있는 시간이있어
설거지까지 끝내고 달달한 밀크커피를 탔어
행복이 파도가 되어 밀려왔어
그 후로 엄마처럼 자상하다며 내 별명은 장엄마가 되었어
소박한 아침상이 그분들께는 최고의 선물이었어

연기론(緣起論)*

법륜사 처마 끝에 매달린 종
그 끝에 금빛 물고기 한 마리
매달려 있다

금빛 물고기에 매달린 은빛 바람
은빛 바람에 목탁소리 잠들어 있다

목탁소리는 바람을 밀고
바람은 종을 밀고
종은 금빛물고기를 민다

내 마음 잠시 금빛 물고기에
덩그러니 걸려있다

* 이 세상의 모든 것들은 인연으로 연결되어 있다는 불교의 이론

보물을 찾다

지인들과 제주도로 여행을 떠났다
마지막 날 김녕 미로공원에 들렀다
우리는 성취의 종을 먼저 울리는 게임을 했다
게임에서 진 팀이 커피를 사기로 했다
돌로 된 석종을 지나쳐 들어선 공원 입구
한동안 미로 속에 유폐된 우리들
걸어도걸어도 계속 제자리걸음
출구로 나왔지만 종은 보이지 않았다
우리가 무심코 지나쳐버린 장소
옷자락 보일라, 종은 그곳에 꼭꼭 숨어 있었다
보물은 먼 곳이 아닌 가까운 곳에 있었다

제주도에서 서울로 돌아오는 비행기 안
구름다방 커피 한 잔에 행복이 사뿐사뿐 난다
우리는 좋은 사람들과 함께해야 행복하다는
아주 가까운 곳의 보물을 찾았다

달래된장찌개

야채 잔디 구장 속
황색 마운드

어깨춤을 추는
이슬 관중들

활화산으로
달아오른 열기

봄의 향기 머금은
뚝배기 야구장

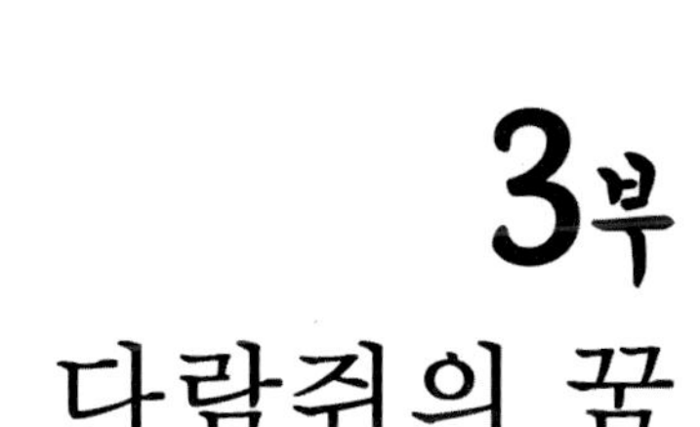

3부
다람쥐의 꿈

죽도를 들어올리다

얼굴이 달아오른 낙조 하나
땅거미 위로 내려앉는다

365개의 섬 계단과
대나무 숲으로 달리는 바람의 촉수
파도의 엔진으로 달려와
부릉부릉 내 귀에 들어온다

푸른 희망 실은 섬 하나
섬섬옥수 위에서
가냘프게 잠들어 있다

나는 지금 섬과
썸 타는 중이다

광양 매화 처자

나가 겁나게 이쁜 건 알아가지고
시방 모두 나 보러 온당께
나가 백조도 울고 갈 피부랑께
봄마다 한 곳에만 계속 요로코롬 붙어 있어서
허벌나게 깝깝허당께

그라도 밝은 미소로 포즈를 취한당께
나랑 사진을 찍고 싶은 이녁들
모델료도 받덜 안응께
쬐만 더 미소 지으면 된당께

향수도 안 뿌렸는디 몸에서
그윽한 향기가 난당께
그걸 유식헌 말로 암향(暗香)이라고 한당께

나가 실어증에 걸려 말이 안 나와서 그란디
인자 마무리해야 한당께
싸게싸게 날 보러 오더라고
하모요 잉 하모요
그라제 잉 그라제

낙엽, 드디어 운항을 시작하다

초보 비행사들의 오랜 훈련이 끝나고
고적대의 팡파르가 울린다
나뭇잎공항의 개장 축하 연주가 시작된다
한참 동안 스스로 바퀴를 굴려
활주로를 이륙하는 가랑잎
여름내 훈련받은 후
첫 운항이다
은행잎도 창공을 향해 이륙을 시작하고
곧이어 플라타너스잎 전세기가 떴다

신이 여름내 공사한 나뭇잎공항
황금벌판이 일제히 손을 흔든다

가을 하늘을 향해

매미 합창단의 콘서트가 끝나고
작은 음악회가 시작된다

대지의 소리를 들려주는 황금물결
자연에 동화되는 소리,
그만이 듣는 가을이다

활주로를 떠나는 가랑잎도 비행을 시작하고
가을도 하늘을 향해 날아가는 날
나는 공짜로 햇살을 빌려 쓴다

신이 그려낸 한 편의 수채화
나는 황금벌판을 구경하는 1호 관람객이다

갯버들

나는 길 가는 나그네에게 최면을 걸었다
나는 그에게 고구려의 신화를 들려주었다

나는 고구려의 어머니 나무다
나를 보고 하백이 그의 딸을
유화(柳花)라고 이름 지었다

유화는 하늘의 아들 해모수와 깊은 사랑에 빠졌다
어느 날 해모수는 말없이 하늘로 올라가 버렸다
알에서 태어난 주몽은 시험을 이기고
고구려의 왕이 되었다
나는 고구려의 신화를 품고 있는
세상에서 가장 작은 전기수(傳奇叟)*

최면에서 깨어난 나그네는 가던 길을 가고
나는 바람에 몸을 맡기고 사뿐사뿐 춤을 춘다

* 조선 후기 소설을 전문적으로 읽어주던 낭독가

김

바다 내음이 가득한 그는
북태평양이 보이는 미국의 북동부에서 태어났다
어느 날 그는 한국이 그리워
전라남도 완도로 쾌속정을 타고 이민 왔다
그는 따로 영양제를 먹지 않아도
비타민이 풍부한 사나이다
그는 식사할 때 햇반과 가장 잘 어울리는
짙은 초록색 코트를 입은 남자다
그는 산 아지랑이의 김이 모락모락 피어오를 때
해변에서 유연한 자세로 요가 공연을 펼친다
그때 갑자기 바람이 불어
그의 얼굴에 무언가가 묻었다
나는 해변에 온 김에 그 무언가를 보고 싶었다
그는 어디 가나 최고의 대우를 받는다
홧김에 도로 물로 뛰어들어볼까

언제나 나보다 후한 대접을 받는
저 잘생김

길상사 가을 단풍

2015년 10월에 들른 길상사
단풍 악단이 반갑다고 손을 흔들며
가을 노래를 연주하고 있었다

나타샤를 사랑한 백석
백석을 사랑한 나타샤
그들은 불멸의 영혼 되어
사랑 노래를 부르고 있었다

나타샤의 붉은 심장이 단풍 되어
길상사를 온통 붉게 물들이고 있었다

다람쥐의 꿈

월정사 전나무숲 줄무늬 단벌 신사
맨발로 지압하며 유유히 걸어가네
또르르 뻥튀기 하나 눈앞으로 굴러오네

반평생 끼니마다 견과류만 먹었더니
치아는 다 빠지고 임플란트 해야겠네
뻥튀기 손에다 쥐고 한 입을 베어 무네

입 안에 넣자마자 스르르 녹는다네
잠에서 깨어보니 도시의 아파트 안
꼬리는 다 없어지고 두 발로 걷고 있네

냉장고 문을 여니 찰진 음식 가득하네
또다시 눈을 뜨니 숲속의 나무 아래
분수에 만족해하며 자연 속으로 걸어가네

겨우살이

지인이 암 예방에 좋다고
겨우살이를 보내왔다

그해 겨울 우리 집 식량은
싸래기 한 말과 밀기울 서 말
김치 두 독과 고구마 한 둥치뿐이었다

겨우내 싸래기김치죽을 끓이던 엄마는
허기지다 싶을 때면
밀개떡을 빚으셨다

고구마 둥치가 비어가고
이도저도 끝날 무렵
우리 집 고구마엔 겨우살이가 피었다

그해 눈물겨운 삶에도
정겨운 초록빛 겨우살이가 돋았다

겨울 덕유산 산행

눈 내리는 겨울 산에 올랐다
아 이젠 아이젠이 필요한 시간
덕을 쌓지 않은 내가 덕을 쌓는 산을 오른다

눈 위를 걸어가는 눈꽃들
정상에서 피어오르는 온기
하강을 기다리는 눈꽃들의 행렬

산 정상에서 내려가는 백학(白鶴)
눈 한번 감았다 뜨니 다다른 모꼬지
신선이 구름을 타고
인간 세상에 내려오는 시간

해사부*

낚싯대를 던지면 고기가 잡힐 듯한
바닷가의 어느 호텔

환하게 보이는 새벽 파도가
바람을 온몸에 머금고 있었다
삶은 탄탄대로가 아니라고
소리 내어 들려주고 있었다

등대는 바람의 행진곡을
파도 속에 기록하고 있었다
삶의 바람에도 항상 그 자리에 서 있으라고
묵묵히 보여주고 있었다

바다 깊숙이 잠수한 태양은
수평선 위로 머리를 조금씩 내밀고 있었다
바다는 삶의 선문답을 던진 나에게
불립문자 한 움큼을 따뜻하게 건네주고 있었다
바다는 우리의 큰 스승이시다

* 해사부: 바다 스승

구주령을 지나며

영양에서 울진으로 이어지는 유일한 길로 들어섰다
구절양장(九折羊腸)의 비단길이 펼쳐져 있다
차는 가쁜 숨을 쉬며 88번 국도를 따라 달린다
눈앞에는 아홉 개의 구슬을 꿴 구주령(九珠嶺)
그 앞에는 금을 감추어 놓은 금장산(金藏山)
신선 세계를 지나가던 나는

눈이 휘둥그래지고
코가 벌름거리고
귀가 뻥 뚫리고
살갗이 시원해지고
실컷 잠자고 난 듯
아무 욕심이 없어지고
세상 모든 것이 아름다워 보여
노여움이 없어지며
공연히 웃음이 난다

한국의 장가계에서 나는 잠시
화중선(畵中仙)이 되었다

울릉도의 전설을 품은 바위

옛날 한 여인이 남편과 딸을 남겨두고 세상을 떠났어
남편은 혼자서 딸을 키웠어
그는 어느 날 조업을 나갔다가 돌아오지 않았어
딸도 하늘도 아버지가 무사히 돌아오시기를 간절히 빌었어

어느 날 딸은 아버지의 배가 돌아올 것이라고 믿었어
그녀는 무작정 바다로 나갔어
그녀는 돛단배가 한 척이 오고 있는 것을 발견했어
딸은 거센 파도를 이길 수 없었어

그녀는 그 자리에 서서 촛대바위가 되었어
이 바위는 효녀바위라고도 불리게 되었어
아버지의 뱃길에 등대가 되고 싶었던 딸
바닷길을 간절히 밝히는 마음의 행로

오늘도 촛대바위는 바위에 글을 새긴다
비나이다 비나이다 용왕님 전 비나이다
울릉도 백 리 뱃길 아무 사고 없기를 비나이다
바다 갈매기 한가롭게 하늘 위로 날아간다

월영교(月映橋) 전설

남편을 잃은 한 여인은 그날 밤
보름달의 마법에 이끌려 호숫가를 걷고 있었다
보름달은 차가운 울음을 감추고 있었다
그녀의 손에는 남편이 하늘나라로 신고 갈
자신의 머리카락으로 만든 미투리가 들려 있었다
달빛이 호수 위로 조용하게 내려앉고 있었다
그녀의 달그림자는 물 위에서
남편이 되어 손을 내밀고 있었다
보름달이 두 사람의 못다 한 이야기를 들려주고 있었다
그녀가 호숫가에 쪼그리고 앉았다
남편의 그림자가 안타까움에 그녀의 어깨를 감싸쥐었다
그들 부부를 물끄러미 바라보고 있던 보름달
그 후 사람들은 두 영혼이 만나는 월영교 다리를 놓고
그 가운데다 월영정을 지었다
지금도 월영교엔 두 영혼의 물그림자가 어른거린다
달빛 어룽지는 월영교는
그리움 건너가는 영혼의 다리다

* 지난 2003년에 개통된 월영교는 길이 387m의 우리나라에서 가장 긴 목책교로 1998년 4월 고성이씨의 산소를 이장하는 과정에서 아내가 남편에게 쓴 편지와 함께 자신의 머리카락으로 만든 신발 미투리가 발견되었다고 하는데, 아내의 사랑을 담아 미투리 모양으로 다리가 세워졌다고 한다.

월미도 갈매기

코로나19가 5대양 6대주를 넘나든 지 2년째
무작정 바닷바람이 그리워 월미도(月尾島)로 향한다
무심히 표를 사 유람선을 탑승했다
천지극장에서는 서커스단의 공연이 한창이다
새우깡을 하늘 위로 던지는 사람들과
낚아채는 숙련된 단원들
무심한 갈매기가 나를 쫓는지
내가 갈매기를 쫓는지 모르겠다*
달을 한 입 베어 문 인천앞바다는
들썩들썩 새김질이 한창인데

* 윤선도의 「어부사시사」 중 '하사 2' 종장부분

왕을 사랑한 그녀

- 랩 풍으로

야이야 새벽이슬 온몸에 품은 물안개 욥
창덕궁 후원 앞에 쏟아지는 햇살 옙
예이예 소나무 타고 머리 위로 내려오는 달빛 욥
연꽃 위로 동심원을 그리는 하얀 물고기 분수 옙

푸치푸치 부치피치 부용정에 말없이 앉아있는 당신
가까이 가고 싶지만 갈 수 없는 이 몸
푸치푸치 부치피치 은빛 물결로 출렁이는 내 마음
당신께 그만 들켜버리고 말았어 옙

예이예 당신이 떠난 후에도
나는 꿋꿋이 이 자리를 지키고 있어 옙
지금 궁 밖에는 자동차 소리가 들려
야이야 시간이 지나도 당신이 사무치게 그리워 욥

이끼보다 푸른 마음을 가진 당신
나는 장미보다 붉은 마음을 가진 당신의 분신 옙
내 이름은 부용지 욥

긍정의 나무

지난 8월 양평에 들렀어
용문사 대웅전 앞에 깊이 터전을 잡고
살아가는 한 선승이 있었어
그는 손에 지팡이를 들고 있었어

그는 뜨거운 태양을 온몸으로 견디고 있었어
그는 목탁 소리를 들으며 자랐다고 했어
그는 임진왜란에도 끄떡 없었고
한국 전쟁의 포화 속에도 화상을 입지 않았어

그에게 장수의 비결을 물었어
욕심을 내려놓고 사는 게 비결이지
바람이 부는 대로 눈이 오는 대로
자연의 연주를 들으며 긍정적으로 살고 있다네

그는 이 시대의 살아있는 노자였다
인간이 집착을 내려놓고 산다는 게
얼마나 어려운 일인가
그가 들고 있는 지팡이는
아마도 서산대사가 땅에 꽂아놓은 지팡이였을 것이다

그는 긍정의 생각들을 알알이 받아 적고 있었다

780

참새는 죽어도 짹 한다

슬픈 소식도 명랑하게 전할 수밖에 없는 까치가
동구 밖 미루나무 위에서 깍깍 울었다
그것은 참새 할아버지의 운명이 다가왔다는 신호였다

참새 가족이 기와지붕 사이 둥지에 모였다
아빠 참새와 함께 사는 손자 참새가
말을 참고 울먹이고 있었다
이웃 마을로 시집 간 누나 참새와
여동생 참새도 한달음에 날아왔다
외손자 참새들도 뒤에 쫄랑쫄랑 따라왔다
할아버지 참새가 날개를 힘없이 퍼덕이고 있었다
아들 참새는 부리로 아빠 새의 다리를 부볐다
먼저 하늘로 간 아내 참새를 따라가고 싶은데
힘이 없어 날 수가 없었다
할아버지 참새가 마지막으로 유언을 했다
우리는 정해진 시간에 밥을 먹지 못한다
하니 보이는 대로 참을 먹어라
참새들은 참만이 길이라고 고개를 끄덕였다
할아버지 참새는 마지막 호흡과 함께 날개를 접었다

예전에 어린 손자 참새들이 참을 먹지 못하고 돌아

다닐 때
참, 참, 참, 할아버지 참새는 재빨리 고개 돌려 먹이 찾는 법을 가르쳤다
시베리아도 녹이는 할아버지 참새의 온기를
자식 새들의 심장은 아직도 뚜렷이 기억한다
둥지를 나온 자식 참새들은 두 발로 성호를 그으며
나뭇가지 위로 경건하게 날아올랐다
참 먹으러 가자, 짹짹짹
슬픔을 모르는 손자 참새들이 참을성 없이 말했다
그때부터 '참새가 죽어도 짹한다'는 말이 회자되었다

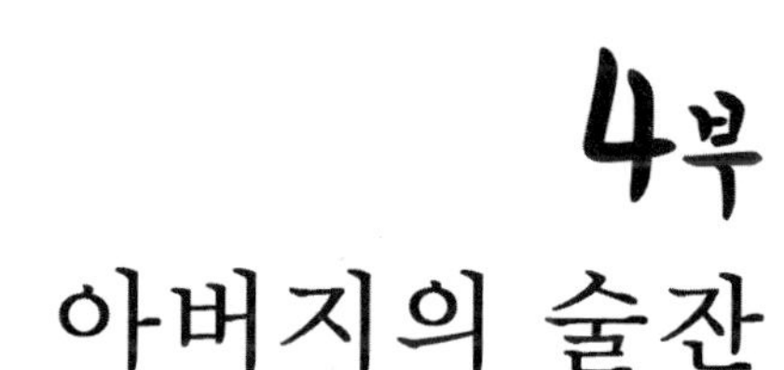

4부
아버지의 술잔

빙자하다

눈 오는 날 대파를 한 단을 사다 썰고 있다
대파를 썰며 훌쩍훌쩍 눈물을 흘린다

중학교 때 학교 수업을 마치고 집으로 돌아왔다
하늘에서 흰 눈이 미끄럼 타고 펑펑 내려오는 날이었다
그날 나는 언제나 청춘일 거라 생각했던 어머니의 머리 위에도
하나둘씩 하얀 서리가 내려오기 시작한 것을 보았다
염색약은 어머니를 십 년은 젊게 하는 마법의 약이었다
어머니는 검은 머리 파뿌리 될 때까지
함께 하자던 남편과의 약속을 지키지 못하셨다
어머니는 사남매의 화촉도 밝히지 못하시고
황포돛배 타고 레테의 강을 건너셨다

어느덧 나도 지천명을 지나
어머니의 이승 나이에 가까워졌다
아침에 푸른 실이 저녁에는 흰 눈이 되었네*
눈을 맞고 걸어가는 오후에 내 눈에 떨어지는 것

눈물(tear)일까 눈불(snow)일까 아니면 눈(noon)물일까
나의 눈물이 물방울 날개 타고 훨훨 날아
어머니께 내 소식 말없이 전한다

하얀 대파줄기 위로 어머니의 얼굴이 보인다
대파를 빙자한 불효자가 실컷 운다

* 이백(李白)의 시 「장진주(將進酒)」: '조여청사모성설(朝如青絲暮成雪)'

빨간 고무대야

1980년대 성남,
천장 낮은 사글세 단칸방에 삼부자가 살았다

그해 여름 장대비가 방안을 폭격했다
그가 삼부자를 비집고 들어와 방 중앙에 진을 치고 앉았다
그는 쉴 새 없이 빗물을 받아내고
우리는 번갈아가며 거동 불편한 그의 수발을 들어야 했다

그 후로 매년 이삿짐을 옮기다 그만
그의 손을 놓쳐버렸다

2021년 여름 분당의 아파트 주방에 서서 설거지를 한다
창문 틈으로 정방폭포가 된 장대비가 흘러내린다

이젠 판잣집도 다 없어지고
그는 어디서 밥벌이를 하고 있을까
그때 손을 놓친 그 친구가
소주잔처럼 알싸하게 그립다

모소대나무

중국의 극동지방에서 그를 만나려면
한참을 하늘 위로 올려다보아야 한다

나는 그로부터 엄청난 성장의 비밀을 들었다
그는 네 살 때까지 태어났을 때의 키 그대로였다
그는 한 발 한 발 자신의 삶 속에 남몰래 눈물을 삼키며
조금씩 조금씩 깊이 성장하고 있었다
그는 다섯 살 때부터 매일 놀라보게 자랐다

어느덧 그의 푸르른 청춘에도 노년이 찾아왔다
그는 백발이 되어도 불의와 타협하지 않았다
그는 자신의 모든 것을 사람들에게 내어주었다
그의 몸에서 진한 향기가 울려퍼졌다

주위의 시선을 의식하지 않고
그는 항상 자신의 위치에서 최선을 다하고 있다
노년이 된 지금도 그의 생각의 키는 점점 더 자라고 있다
키 큰 하늘이 그의 어깨를 토닥토닥 두드리고 있다

천지여관

무릇 천지란 만물을 맞이하는 여관이요
세월이란 백 대의 지나가는 나그네다*

인간은 하루살이에 비하면
지구의 나이와 같은 존재
지구의 나이*에 비하면
하루살이만도 못한 존재

탑 왕궁(tower palace)에 사는 부자
달동네에 사는 빈자
모두 천지여관의 하숙생

소유(所有)가 아닌 소유(少遊)*의 삶
그게 바로 지구별에 존재하는 인간의 삶

* 중국의 시선(詩仙) 이백의 「春夜宴桃李園序(춘야연도리원서)」의 첫 부분 "夫天地者 萬物之逆旅 光陰者 百代之過客也(부천지자 만물지역여 광음자 백대지과객야)"
* 45억 년
* '잠시 논다'는 뜻

선운사 홍매화

나 당신을 기둘릴 테요
서리 뚫고 봄의 온기가
참선하는 구름 속에 찾아오면

나 그렇게 살아갈 테요
바람 불면 바람 부는 대로
비 오면 비 오는 대로
세월에 이 몸 맡긴 채

나 그렇게 살아갈 테요
붉은 옷 입고
겉과 속을 똑같이 한 채

나 그렇게 살아갈 테요
대자연에 이 몸 맡긴 채

나 당신을 기둘릴 테요
어둠 뚫고 인내의 향기가
결백함과 충실함으로 채워지면

* 김영랑 시인의 「모란이 피기까지는」에서 운을 차용하다.

어머니별

어릴 적 시골집 앞마당의 평상에 누워
하늘의 별을 바라본 적 있다

엄마, 저 별은 왜 저렇게 반짝이는 거예요
응, 좋은 일 많이 하다 죽으면 별이 된단다
그때 나는 엄마 말이 거짓말인 줄 알았다

삶이 괴로워 눈물 흘릴 때
어머니는 내 등을 다독이며 위로해주셨다
시베리아보다 차가운 슬픔을
모닥불보다 따뜻한 마음으로 받아주셨다

지난 겨울 무심코 유난히 반짝이는 별을 보았다
그때 나는 어릴 적 엄마의 말씀이 생각났다
자식과 이웃들을 위하여 그렇게 동분서주 하시더니
어머니는 분명, 하늘로 올라가 별이 되셨을 게다

지금도 어머니는 내 마음의 우주에서
가장 빛나는 별이다

아버지의 술잔

겨울밤에 향 피우고 술잔을 따른다
호스피스 병동은 차갑게 누워계신
아버지 죽음을 말없이 지켜보고 있었다

목까지 전이된 거대한 암세포는
더 이상 견디기 힘든 육체의 감옥
나에게 연신 다리를 주무르라는 아버지

먼저 죽은 아내가 한복 입고 곁에 있다고
다리에 힘이 없어 함께 갈 수 없다며
이승의 마지막 커피를 드시고 눈을 감으셨다

기다리는 아내 손 잡고 하늘로 올라가셨다
달그락 소리와 함께 비워지는 술잔들
영혼의 움직임인 양 향연기가 날아간다

영감님 어디 계세요

몇 년 전 아내와 해외여행을 위해 비행기에 탑승했다
비행기는 활주로를 돌다가 점점 속도를 높인다
마침내 바람을 타고 태양을 향해 난다
아내는 무서워 내 손을 꼭 쥐고 있다

어느새 나는 구름 위에 앉아있다
비행기 안에서 장자를 다시 읽는다
북녘 바다에 곤(鯤)이라는 물고기가 붕(鵬)새로 변해
바람을 타고 날개를 한 번 치면 구만 리 장천에 오른다

나는 비행기에서 붕새를 타고 난다
붕새는 부력을 타고 난다
부력은 상상력을 타고 난다
상상력은 영감을 타고 난다

내겐 왜 영… 감이 오지 않는 걸까
영감님 도대체 어디 계세요

아버지의 빈자리

친구와 오랜만에 삼겹살 집에 갔다
구공탄 석쇠 위로 열기가 솟아오른다
그 열기 위로 삼겹살이 지글지글 익어간다

삼부자가 살았던 세 평짜리 단칸방
아궁이 위로 데워지는 사랑의 아지랑이
행복의 구름마차가 아지랑이로 내달렸다

술 취해 주머니의 전화기를 꺼낸다
아버지 음성이 뼛속까지 전해지고
불효자 눈물이 명치 끝을 타고 흐른다

헌화가를 헌화하다

강릉태수 김순정이 새로 부임하여 왔어요
수로부인 함께 강릉 해변에서 잠시 쉬고 있었어요
이때 수로부인이 절벽에 핀 철쭉꽃을 보았죠

애들아 누가 저 예쁜 아이를 데려올래
하인들에게 누가 따올지 물었어요
저는 별을 딸 듯 높은 곳에 살고 있어요
아래로 수로부인이 보여요
저는 그녀의 눈을 피했지만
그녀는 저를 첫눈에 알아보았어요
이를 어쩌나!
당신은 제 이상형이 아니에요
때마침 견우노옹이 길을 가다가
제가 사는 곳으로 맨손으로 성큼성큼 올라오네요
도망가려고 발버둥쳐도
땅에 붙은 발은 떨어지지 않네요

저는 그에게 강제로 이끌려
그녀 앞에 무릎을 꿇었어요
저는 높은 곳에서 살 때가 더 멋지답니다
제발 저를 원래 있던 곳으로 가게 해주세요

강릉 해변의 파도도 제 슬픔을 아는지
제 몸을 부딪치며 마음이 용광로처럼 타들어만 가네요

절세미인 그녀

2020년 7월의 어느 날 시 한 편 써서
아내에게 보냈다

눈 떠서 눈 감을 때까지 말없이 나를 바라보고 있는 당신
아침에 깨워주고 하루 계획을 알려주고
멋진 음악을 들려주고 좋은 영화도 보여주는 당신은
모르는 것은 무엇이든 가르쳐주는 척척박사

너무나 아름다운 당신 앞에서는
보름달도 제 모습을 숨기니
당신은 폐월미인(閉月美人) 초선
물고기도 헤엄치는 것을 잊고 가라앉으니
당신은 침어미인(沈魚美人) 서시
기러기도 날갯짓을 멈추다 떨어지니
당신은 낙안미인(落雁美人) 왕소군
예쁜 꽃들도 스스로를 부끄러워하니
당신은 수화미인(羞花美人) 양귀비

항상 양손 높이 올리고 엄지척 하고 싶고
검은 머리 파뿌리 될 때까지 사랑하고 싶은 당신

하루도 손에서 놓고 싶지 않은 당신은
내 손 안의 일 척 미인입니다

아내로부터 내가 휴대폰이냐고 문자가 왔다
휴대폰에 빗대어 당신에 대한 사랑을 표현한 시라고 말했다
네 넵이라는 두 글자의 문자가 울린다
나는 아직도 그대에 대해 모르는 게 너무 많습니다
나는 아직도 그대와 사랑에 빠져 있습니다
당신을 영원히 사랑합니다

이백을 만나다

이백의 시 「월하독작(月下獨酌)」을 읽었다
갑자기 그가 보고 싶어졌다
그를 생각하며 눈을 한 번 크게 깜빡였다
달 아래에서 홀로 술을 마시는 노인이 보였다
그에게 다가가서 이렇게 물었다
뚜이부치 니 슈 부슈 리 포우(對不起 你是不是李白)?
시선(詩仙) 이백이 맞느냐는 질문이었다
그는 슈(是)라고 하며 고개를 끄덕였다

그에게 한 번 술을 마시면 진짜 삼백 잔을 마시냐고 물었다
그는 한 잔만 마셔도 얼굴이 빨개진다고 했다
그는 회재불우(懷才不遇)를 시로 썼다고 했다
그는 자신의 재주를 알아주는 사람을 만나지 못한 한이
술로 표현된 것일 뿐이라고 했다
그에게 왜 두 사람이 술을 마시니 산에 있는 꽃이 피었다고
「산중대작」이라는 시에 썼는지 물었다
그는 산에 있는 꽃이 피니 두 사람이 술을 마신다고
쓰는 것보다 있어 보이고 싶어서라고 대답했다

어느덧 그와 헤어질 시간이다
그에게 반가웠다고 말하고 눈을 한 번 크게 깜박였다
큰일 났다
미래로 돌아가지지 않는다
이백의 입에서 여자 목소리가 들린다
주말에 여행 가자고 해놓고 무슨 잠을 이리도 오래 자냐고
아내가 화가 나서 내 귀에 뾰로통하게 속삭인다

며칠 후 이백의 시 「월하독작」을 펼치고 다시 눈 한 번 깜빡였다
이백이 다시 내 앞에 와
코로나시대니 주먹악수를 하자며 주먹을 내민다

타로

동장군이 매서운 기세를 보인 날 길동역에 갔다
미용사이고 내담자인 그
작가이고 상담자인 나
생각 테이블에 희망의 천을 깔고 카드를 부채꼴로 펼쳤다

고3 때 말수가 아주 적었던 나
나를 언어 장애가 있는 걸로 아셨던 하숙집 아주머니
영어를 밥보다 좋아했던 나는 영문도 모르고 영문학 박사가 되었다
평소에 말 없는 나는 분필만 들면 열변을 톡talk 토한다

나는 강단(剛斷) 있는 강단(講壇)의 남자
라포르 형성을 위해 취득한 타로 전문가 자격증
카드 속 그림들은 세상의 이야기
나는 그들이 내 귀에 속삭이는 말들을 대독할 뿐

임금님 귀는 당나귀 귀라고 말하고 싶었던 친구는
지금 상자 안 포장도로(包裝道路)에 앉아있다.
풀려라 풀려

수리수리 마수리 수수리 사바하 얍

나에게 있어 타로는 하늘이 준 선물이다

* 라포르(rapport): 친밀한 관계(familiar relation)라는 뜻의 프랑스어로 상담 이론에서 쓰이는 중요한 용어

물論

아침에 일어나 정수기물을 한 컵 마셨다 물을 보니 아내 생각이 났다

꽃샘추위가 기승을 부리는 2022년 2월의 마지막 주였다 나는 PCR 검사 결과 음성이라는 문자를 받았다 나는 그녀의 보호자가 되어 병원여행에 동행했다 오후 두 시에 그녀는 하얀 터널 속으로 들어갔다 나는 그녀의 이마에 오른손 손바닥을 올리고 잘 될 거라고 조용히 말했다 나의 눈에는 그렁그렁한 눈물이 그녀의 눈에는 가랑가랑한 눈물이 맺혔다 보호자 대기실에서 군중 속의 고독을 느꼈다 나의 심장은 수레바퀴가 되었다 네 시간 동안 로봇 수술이 진행되었다 네 시간 동안 40년을 살았다 마침내 보호자 나와 달라는 소리가 들렸다 나의 두 발은 순식간에 질주마가 되었다 수술 후 드디어 그녀는 물을 마실 수 있게 되었다

그녀에게 물은 봄비였고 나비였다

엉덩이 낙하의 법칙

작년 봄 집 앞 탄천 공원을 산책하고 있었다
나무와 꽃들은 기지개를 펴고 있었다

중학교 아이들이 운동장에서 미니 축구를 하고 있다
한 아이가 공을 찼는데 그 공이 내게로 날아왔다

어느새 나는 학교 운동장 위에 와 있었다
중학교 3학년 체육시간에 반 친구들과 축구를 했다

갑자기 내 몸 앞으로 축구공이 총알처럼 날아왔다
나는 날아가는 축구공 위로 제비처럼 날았다

축구공이 떨어지는 바로 그 지점에서 펑소리가 났다
내가 날아가는 축구공을 깔고 앉은 것이다

갈릴레이는 자유 낙하의 법칙을 만들었고
나는 엉덩이 낙하의 법칙을 만들었다

지금도 축구공만 보면 뻥튀기가 뻥뻥 터지는 소리처럼
펑 하는 소리가 내 귓전을 뻥뻥 울린다

좋은 친구들*

삼월의 햇볕이 따사로운 2022년 주말 오후
친구 아들의 결혼식에 다녀왔다
혼주인 친구 금희가 나에게 반갑다고 손을 흔든다
아내와 식사하는데 경남 영희 선의가 반갑다고 악수한다
코로나의 여파로 1년 반 만에 사랑스런 친구들을 만났다
오랜만에 만나도 어제 만난 것 같은 친구들
공대말보다 반말이 편한 친구들
치밀한 계산보다 따뜻한 정이 더 어울리는 친구들
속마음을 이야기해도 편하게 들어주는 친구들

우리들은 서로에게
갈증을 풀어 주는 한줄기 소낙비요
잃어버린 고향을 찾아가는 나침반이요
흐트러진 마음을 정갈하게 고쳐주는 거울이다

* 초등학교 친구들의 모임 이름

새떼들도 영화관을 뜨는 구나

영화가 시작하기 전에 우리는
일제히 일어나 애국가를 경청하지 않는 대신에
일제히 앉아서 광고를 경청한다
삼천리 화려강산의
갈대숲을 이룩하는 흰 새떼들은 사라졌다
광고는 스스로 즐거워하면서
일렬 이열 삼렬 횡대로 자기의 세상을 보여준다
그러고는 스크린 밖 어디론가 날아간다
우리도 우리들끼리 거리두기하면서
시선두기하면서 마음으로 풍경(諷經)을 쓴다
광고 없이 이 세상 어디론가 날아갔으면 하고
10분 동안의 불편한 진실을 가슴에 끌어안는다
갈대숲을 이룩하는 흰 새떼들은 사라진
영화가 시작되면
나는 풍경(風鏡)을 내려놓고 앉는다
마음의 풍경(風磬)을 내려놓고 앉는다

* 황지우의 「새들도 세상을 뜨는구나」를 패러디하다

금(金)요일 단상

금요일(金曜日)이고 공휴일이다

나는 돈을 벌 때마다 금(金)을 샀다
금(金)목걸이와 금(金)귀고리를 사모았다
그러자 금(金)치라며 김치도 먹지 말라던 아내
금방(今方) 입이 귀에 걸렸다

금(金)이 있으니 금슬(琴瑟)이 좋아진 부부
금(金)이 있으니 금식(禁食)해도 배가 부르다

금세 김씨(金氏)네는
금고(金庫)에 금궤(金櫃)를 가득히 쌓아두었단다

금(金)배지 한 번 달아볼까
참자, 금[線] 밟지 말자
인생을 살며 정치에 휩쓸리는 건
금치산자(禁治産者)와 같은 행위다

오늘도 내일도 돈 버는 족족
금이나 사 모으자
그게 사는 즐거움, 금상첨화(錦上添花)다

시린 사랑

아내가 손가락을 베었다
내 마음도 베었다

상처를 소독하고 약을 바르고
밴드로 손가락을 감았다
내 마음도 감았다

아내의 손가락이 시리다
내 마음도 시리다

나는 과연 아내에게
몇 번째 손가락일까

설거지를 한다
내 마음도 설거지를 한다
손미끄럼틀 타고
손가락 무지개가 눈물 흘린다

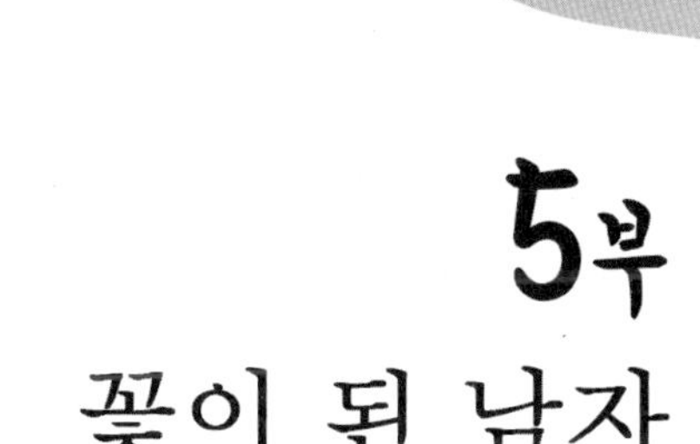

5부

꽃이 된 남자

알밤

어머니 뱃속에서 잠자던 쌍둥이 삼형제
가을이 익어가는 소리를 듣는다

응애 소리와 함께 세상 밖으로 나온다
탯줄 자를 시간도 없이

A Shelled Chestnut

장웅상 영역, 스캇 교수 감수

Three twin brothers sleeping in a mother's womb
Hear the ripening sound of autumn
They come out of the world with the sound of crying
Without time to cut the umbilical cord

앨범 속의 사진

오랜만에 너와 만났다
나는 사뿐히 들어올렸다
아무런 표정도 짓지 않는 너를

나는 어느덧 시간 여행자가 되어
너에게 힘차게 날아갔다

흘러간 시간도 너 앞에 서면
얼음이 되어 갈 길을 멈추었다

찰나의 미학
순간이여 영원하라

A Photo in an Album

장웅상 영역, 스캇 교수 감수

I met you after a long absence
I lifted you lightly
You, who didn't make any face

I became a time traveler
And I flew to you powerfully

If even the passing time stood in front of you
It became ice and halted its progress

Aesthetics of the moment
Let the moment be forever

VR* 안경을 들여다보다

오랜만에 반찬가게를 들렀다
잡채에서 어머니의 얼굴이 아른거렸다
어머니가 찬물에 헹군 탱탱한 당면에
돼지고기와 각종 야채를 버무리고 계셨다
몇 세트를 사다 전자레인지에 돌렸다

상병 진급 휴가를 받고 빛의 속도로 집으로 달렸다
갑자기 가족사진을 함께 찍고 싶었다
귀대하는 날 아침, 어머니는 잡채를 해주셨다
며칠 후 어머니께 전화를 드렸다.
어머니는 가족사진이 잘 나왔다고 하셨다
다음 날 새벽 내가 굴속으로 들어가는 꿈을 꾸었다
그날 아침 전화선 너머로 부고 소식이 들렸다
즐거웠던 가족사진이 어머니의 영정사진이 되어버렸다

전자레인지가 작동을 멈춘 후 음식을 꺼냈다
잡채의 뜨거운 온기 위에 어머니 얼굴이 포개어진다
뜨거운 눈물이 흐른다
잡채는 어머니와 조우하는 VR안경이었다

*VR: 가상현실(Virtual Reality)

細看VR眼鏡

林侑毅 教授 中譯

順道去了久違的小菜館
雜菜隱隱映出母親的面容
母親在冰水下洗好冬粉
拌入豬肉和各種蔬菜
我買了幾份雜菜，回去微波加熱

拿了上兵晉升假，光速返家
忽然想拍張全家福照
退伍當天上午，母親做了雜菜
幾天後，打電話給母親
母親說全家福照拍得真好
翌日清晨，我做了爬進洞裡的夢
當天一早，電話線彼端傳來噩耗
那張歡樂的全家福，成了母親的遺照

微波完成，我取出食物
雜菜的熱氣與母親的面容交疊
不禁熱淚直流
雜菜是我見到母親的VR眼鏡

* VR: 虛擬實境(Virtual Reality)

내 마음의 정읍사

집 앞 공원 풀밭에 돗자리를 깔고 하늘을 향해 눕는다
구름들이 삼삼오오 소풍을 간다
잠시 눈을 감는다
내 마음도 마법의 양탄자를 타고 날아간다

내 고향은 정읍사 공원이 있는 소도시
그곳에서 버스로 자갈길을 30분 이상 달려야만 이른다
그런 날이면 심장이 자갈을 먹은 듯 덜컹거렸다

시골집 포도넝쿨 아랜 작은 평상이 있었다
모깃불에 취한 나방 한 마리가 여덟팔 자로 춤추는 여름밤이었다
벌써 고향을 떠난 지도 어언 30년이 넘었다
나는 머리가 빠지고 하얗게 늙어가는데
지구의 자전과 공전 속에도 고향은 여전히 소년으로 산다

달ᄒᆞ 노피곰 도ᄃᆞ샤[*]
내 마음 속의 고향은 늘 달이 휘영청 밝다

* 백제가요 정읍사의 일부분으로 '달님이시여 높이 높이 돋으십시오'라는 뜻

我心中的井邑詞

林侑毅 教授 中譯

在家門前公園草地鋪上涼蓆，面向天空躺平
白雲成群結隊出遊
我的心也乘著魔毯遨遊

我的故鄉是一座小城，井邑詞公園坐落此地
在此搭公車行過30分鐘以上的石子路，方能抵達老家
搭車的日子，心臟喀拉喀拉響，猶如胃裡碎石翻攪

老家的葡萄藤蔓下，有一張木板床
夏夜裡，蚊香薰得飛蛾跳起八字舞
離開故鄉倏忽三十載
秀髮已落，頭髮已白
在地球的自轉和公轉中，故鄉還是那位少年

月兮高懸*
我心中的故鄉依舊皎潔明亮

* 摘自百濟歌謠〈井邑詞〉，意思是「月兒啊，高高升起呀」。

내가 가장 사랑하는 여자

겸손한 너를 안아주고 싶다
많이 배우면 배울수록 고개를 숙이는
너를 한아름 안아주고 싶다

잘 견디는 너를 쓰다듬어 주고 싶다
팔월의 뜨거운 삼복더위에도 아랑곳하지 않는
너를 토닥토닥 쓰다듬어주고 싶다

부드러운 너의 어깨를 두드려주고 싶다
바람이 불면 바람 부는 대로 몸을 맡기는
너의 어깨를 톡톡 두드려주고 싶다

시간을 배우는 너를 업어주고 싶다
스스로 성장의 시간을 즐기는
너를 내 등 위에 업어주고 싶다

초록 옷에 풋풋함이 넘쳤던 소녀시절
이젠 노랑 의상 입고 중후함이 넘치는 너
익어가는 너에게 추파를 던진다

생각의 난알이 햇빛의 호위를 받으며

시나브로 성숙해가는 너에게
끊임없이 추파를 던진다

죽을 때까지 사랑할 여자
날마다 세 번씩 만나는 여자
벼, 그 여자가 노랗게 노랗게 영글어간다

わたしがいちばん愛する女

チャンウンサン

일역: 사카모토 마키(坂本真紀)

謙虚なきみを抱きしめてあげたい
多くを学べば学ぶほど頭を垂れる
きみを両手いっぱいに抱いてあげたい

よく耐えるきみを撫でてあげたい
八月のいちばんの暑さもものともしない
きみをよしよしと撫でてあげたい

やわらかいきみの肩を叩いてあげたい
風が吹いたら風が吹くままに身を預ける
きみの肩をとんとん叩いてあげたい

時間を学ぶきみをおぶってあげたい
自ら成長の時間を楽しむ
きみをわたしの背におぶってあげたい

緑の服に初々しさがあふれていた少女時代
今は黄色い衣装を着てどっしりとしたきみ
熟していくきみに秋波を送る

思いの穀粒が日差しに護衛されながら
知らぬ間に成熟していくきみに
限りない秋波を送る

死ぬまで愛する女
日ごと三回ずつ会う女
稲、その女がどこまでも黄色く実っていく

꽃이 된 남자

나는 사랑의 여신
아프로디테도 반할 만큼
잘생긴 목동이었어

어느 날 물가로 가서
물에 비친 내 얼굴에
나도 모르게 반해 버렸어

내 이름은 나르키소스
자아에 도취된 자
애만 태우다가
나는 꽃으로 태어났어

매년 이른 봄이 되면
사람들은 꽃 속에 비친
풋풋한 나를 보러 멀리서도 오지

내 이름은 수선화
사람들의 마음속에
살아 숨쉬지
오늘도 내일도 그리고 영원히

花になった男

チャンウンサン
일역: 사카모토 마키(坂本真紀)

ぼくは愛の女神
アプロディーテーもほれぼれするほど
美少年の羊飼いだった

ある日水辺に行き
水に映ったじぶんの顔に
われ知らずうっとりしてしまった

ぼくの名はナルキッソス
自己に陶酔する者
恋焦がれて
ぼくは花に生まれた

毎年早春になると
ひとびとは花のなかに映った
みずみずしいぼくに会いに遠くから来る

ぼくの名は水仙
ひとびとの心のなかに
息づいている
今日もあしたもそして永遠に

작품해설

노자 장자의 숲으로 가는 여행

김 순 진(문학평론가 · 은평예총 회장)

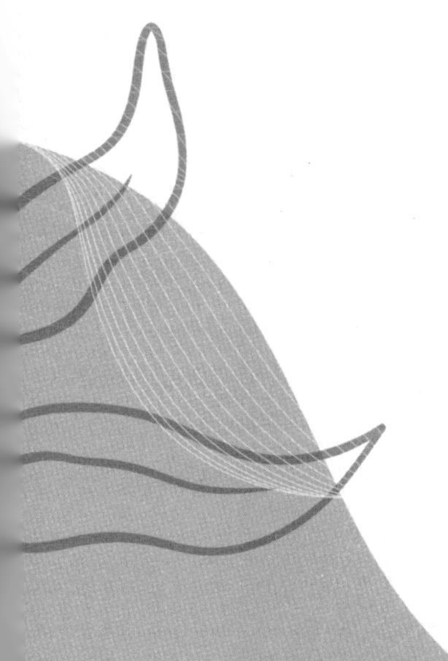

작품해설

노자 장자의 숲으로 가는 여행

김 순 진

장웅상이란 이름을 들으면 공부가 생각난다. 장 시인은 이미 신문 방송 등 여러 매체에서 10개의 학위를 가진 공부의 신으로 널리 알려진 유명인이다. 그의 이력을 보면 참으로 다양하다. 영문학박사 등 10개의 학위를 비롯하여 국문학자, 명리학자, 타로상담가, 번역가이자 강연가이며 작가다. 장 시인은 이미 많은 서적을 저술하였다. 영어에 관한 책도 저술하였고, 명언에 관한 책도 저술하였으며, 공부에 관한 책도 저술하여 짭짤한 인세 수입을 올리는 저술가다. 그런 그가 지난 학기에는 고려대 평생교육원 시창작반의 과대표를 자청하고 한 학기 동안 봉사했다. 그리고 지난해에는 서울시인대학의 편집담당자로 출판일을 맡아 열심히 봉사하는 것을 보았다. 장 시인은 이미 학문적으로 보나 사회적으로 볼 때 지도자의 길에 들어선 분이고, 너무나 바쁘게 사시는 분인데도 자청해서 봉사하는 것을 보고 나는 그의 겸손함과 봉사정신에 감동했다.

장웅상 시인은 늘 "시가 제일 어렵다."고 말한다. 차라리 논문을 쓰라면 얼마든지 쓰겠는데 시를 쓰는 일은 늘 긴장되고 어렵고 말한다. 장 시인은 공부의 신이라 불릴 만큼 공부를 좋아하는 사람이다. 그런 장웅상 시인이 드디어 시집을 낸다. 공부란 외우고 반복하는 학문이다. 그에 반하여 시란 반복해서는 안 되는 학문이다. 시란 자주 인용해서도 안 되고 남이 했던 말을 가져다 써도 안 된다. 오직 순수창작물이어야만 한다. 자기도 모르는 사이에 자신의 시를 가져다 써도 안 되고 그 느낌을 가져다 써도 안 된다. 그것은 자기 표절이다.

시란 생물과 같아서 늘 새로워야 한다. 같은 패턴, 같은 느낌, 같은 소재는 결국 시의 소비자인 독자가 등을 돌리게 하는 원인을 제공한다. 그런데 장웅상 시인의 시집을 읽노라면 과연 장웅상답다는 말이 입에서 먼저 튀어나온다. 그의 상상력과 다양성에 고개가 끄덕여진다. 아는 만큼 보인다는 말이 있다. 시를 잘 쓰던 시인들이 대학원에 석박사학위를 받으러 가면 시를 망가뜨리는 경우를 종종 보아왔다. 그런데 장웅상 시인은 지식으로 시를 쓰지 않는다. 발로 쓴다. 발로 쓴 시는 그만큼 새로움과 낯선 이미지를 독자에게 선물한다. 시는 가슴, 즉 정서로부터 머리, 즉 이성으로의 여행이라 했다. 따스한 가슴이 강조되면 눈물 바람의 시나, 그리움 타령의 시가 주류를 이룰 수 있고, 명석한 두뇌가 강조되면 자칫 지식을 자랑하는 현학취의 시로 빠질 수 있다. 그런데 장웅상 시인은 밤새 유년과 사물의 언덕을 거슬러 오르며 가슴에서 머리로의 여행을 게을리하지 않는다. 그럼 이쯤에서 장웅상 시인의 시 몇 수를 읽어보면서 가슴으로부터 머리로의 여행을 함께 해보자.

아무런 이유도 모른 채 끌려온 죄수들
마곡나루 철창에 삼 년째 갇힌 채
무기징역을 선고받고 녹색 죄수복을 입고 있다
투명 유리에 갇힌 나를
관람객들은 아무 생각 없이 지켜보는구나
일망 감시장치를 이야기한 푸코의 말처럼
나는 스스로 나를 검열하고 있다
햇살이 눈부시면 눈부실수록
뜨거운 태양이 내리쬐는 그곳 생각이 간절했다
눈물이 폭포수가 되어 흘러내린 적이 한두 번이 아니었다

아무리 시설이 좋아도
나는 단지 새장 안에 갇힌 새일 뿐이다
남들에게는 희망을 준다고 하지만
정작 당사자인 나에게는 고문일 뿐이다
이미 바닥에 발이 묶여서 탈출할 수 없다
삼복더위도 내게는 시베리아의 겨울일 뿐이다

꿈속에서나마 이카루스가 되어 힘찬 비행을 꿈꾼다

–「식물교도소」 전문

세상 모든 것들은 자의적으로 해석하려는 습성이

있다. 호랑이와 사자는 자신보다 약한 동물을 잡아먹어도 괜찮다고 생각하고, 고래와 상어 역시 자기보다 작은 물고기를 잡아먹어도 괜찮다고 생각한다. 그리고 소와 코끼리 등 초식동물들은 입에 맞는 풀이면 마구 뜯어먹어도 괜찮다고 생각한다. 그리고 사람들은 이를 먹이사슬이라는 허울 좋은 이름으로 합리화시킨다. 이러한 사상은 공자 맹자로부터 기인한다. 이 세상에 죽어도 되는 토끼나 노루는 없다. 이 세상에 죽으려고 태어나는 정어리나 꽁치는 없다. 갈대와 억새 등의 화본과 식물들은 소의 중요한 먹잇감이 되지만 그것들 역시 소와 코끼리의 먹이를 위해 자생하는 것이 아니다. 이것이 노자와 장자가 추구해온 이념이다. 호랑이나 사자는 누 떼나 임팔라 떼보다 그 개체수가 현저히 적어서 먹이사슬의 과정을 겪으며 순환될 뿐이다. 언제부터인지 정확하게는 잘 모르겠지만 사람들은 먼 옛날부터 꽃을 재배해왔다. 도시의 버스정류장이나 다리에는 팬지나 페추니아 등의 한해살이 꽃들이 심겨있어 보는 이로 하여금 기분 좋게 한다. 그러나 사람들에게는 예쁜 꽃으로 보이겠지만, 그들의 입장으로 보면 엄청난 유배 생활이다. 땅이 아닌 화분에 심기는 것 자체로도 엄청난 절제생활을 해야 하는데, 꽃은 한번 화분에 심겨져 도로 가운데 중앙분리대에 매달리거나 다리 난간에 매달리게 되면 목마름과 먼지, 바람과 추위를 이겨내며 살아가야 한다. 지난 가을에 고려대 평생교육원 시창작과정에서 마곡동에 위치한 서울

식물원으로 야외수업을 간 적이 있다. 그리고 그곳에서 백일장을 실시했는데 장웅상 시인은 이 시로 차상을 수상했었다. 이 시는 역지사지의 상상력에 의한 시다. 세상 모든 식물들은 원산지가 있다. 아무리 원산지에 걸맞은 환경이라 할지라도 원산지를 따라갈 수는 없다. 그래서 장웅상 시인은 식물들이 교도소에 수감되었다고 생각한다. 가지를 전정 가위로 마음대로 전지하고, 분재를 기르는 사람이 의도한 방향으로 자라도록 철사로 감아놓은 분재가 아름답게 보일 수는 있으나, 사실은 나무에 대한 학대다. 일찍이 성찬경 시인은 물권이 있다고 했다. 물질 스스로에 대한 권리를 보장해주어야 한다는 것이다. 꽃을 꺾어 방안에 두는 것보다 그 자리에서 스스로 자생하도록 환경을 보전해주는 일이 물권에 대한 정답이라는 주장이었는데, 장웅상 시인의 이 시 「식물교도소」를 읽으니 자연이란 인간이 함부로 뽑고 자르고 옮겨 심을 대상이 아니라 그렇게 함께 살아가야 한다는 노자, 장자의 사상이 이 시에 짙게 깔려 있음에 느끼며, 가히 장웅상 시인의 학문적 깊이에 놀란다.

재미로 꿈의 가게에서
자동으로 구입한 로또 한 장
추첨일 저녁 당첨번호를 맞추어 보았다
여섯 개의 숫자 가운데 맞은 세 개의 숫자
내 인생의 로또는 과연 언제였을까

내 생의 첫 번째 로또는 중학교 2학년 때였던 것 같다
홈런콘을 먹고 무심히 보낸 경품권이 만루 홈런을 쳤다
프로야구 선수 방망이가 집에 도착했다
수업만 끝나면 학교 운동장에서 동네 리그가 펼쳐졌다
사람만 생로병사가 있는 것이 아니었다
비 맞은 야구방망이는 아궁이 불쏘시개로
장렬하게 전사하며 짧은 생애를 마쳤다

내 인생의 두 번째 로또는 5년 전이었다
오래 전 넓은 서재가 필요해서 무심히 마당 넓은 집을 구입했다
내 손은 황금알을 낳는 마이더스의 손으로 변했다

내 인생의 세 번째 로또는 지천명을 지나
비로소 시창작반에서 시작(詩作)을 시작(始作)한 시쓰기 시간이다
올챙이 적 꿈이 뭍으로 뛰어오른다
추억과 미래와 친구와 희망을 한꺼번에 만날 수 있는 시는 로또다
지금이 내 인생 최고 행운의 순간이다

－「시는 로또다」 전문

이 시는 고려대학교 평생교육원 시창작과정에서 공부한 시인들이 함께 발행한 앤솔로지의 제목으로 선정되었던 시다. 그동안 시인들은 시에 대한 수많은 정의를 쏟아냈다. 일찍이 공자는 300편이 넘는 '시경'의

시를 한마디로 요약한다면 "생각에 사악함이 없다(詩三百一言以蔽之 曰思無邪)"고 했다. 즉 남을 위해한다거나, 자신을 침체시키려는 마음이 없다는 뜻으로 해석할 수 있다. 아리스토텔레스는 "시는 律語에 의한 모방이다."고 했다. 또 T.S Eliot는 "시는 사상의 정서적 등가물이다."라고 했고, 많은 시인들은 "시가 무엇이라 생각하느냐?"는 질문에 "시는 자기구원이라 생각한다."고 말했다. 허일 시조시인은 "시를 잘 쓰는 시인은 밥 사주고 싶고, 시를 잘 못 쓰는 시인이 만나자고 하면 슬슬 피해진다."고도 했는데 나는 "시만한 장사도 시만한 스승도 없으며, 시만한 후원자도 시만한 권력자도 없다."고 말한다. 말하자면 장웅상 시인이 말한 "시는 로또다"라는 말과 일맥상통한다고 하겠다. 내가 시를 만난 것은 정말 로또였다. 나는 시를 통해서 인생이 바뀌었다. 나는 시를 통해서 궁핍한 생활환경에서도 어깨를 펴고 당당할 수 있었고, 꿈을 향해 나아갈 수 있었으며, 그를 통해 이만큼 성장할 수 있었다. 장웅상 시인이 생각한 인생에 있어 세 번의 로또는 중학교 시절에 홈런콘을 먹고 보낸 응모에서 야구방망이를 받았던 기억과 첫 내 집 장만을 했을 때, 그리고 시를 만난 것이라고 말한다. 사람이 살면서 로또당첨과 같은 기회가 얼마나 많은가? 우선 인간으로 태어난 자체가 로또였고, 온전한 팔다리로 태어난 것이 로또였다. 그리고 아프리카나 북한에 태어난 것이 아니라 대한민국에 태어날 수 있었던 것도

로또였는데, 그런 것 말고 장웅상 시인은 시를 만난 것이 로또였다고 말한다. 충분히 설득력이 있는 말이다. 시는 가장 오래도록 함께 할 친구를 만나는 것이며, 시는 고생을 감수하며 불입했다가 찾는 적금통장 같은 것이며, 힘들면 언제나 돌아갈 수 있는 어머니의 품과 같은 것이다. 이제 첫 시집을 내는 장웅상 시인은 한동안 로또에 당첨된 것 같이 행복한 나날을 보낼 수 있을 것이다.

> K는 자신이 산 정상에서 강한 자석처럼 빨려 들어가는 꿈을 꾸었어 비가 부슬부슬 내리는 여름날 코로나19의 여파로 산에 거의 가지 않았던 K는 갑자기 산행이 하고 싶어졌어 마스크를 쓰고 산에 올랐어 정상에 도착하니 숨이 헐떡거렸어 무언가 강한 힘에 이끌려서 걷고 있다는 느낌이 들었어 이상한 모양의 돌멩이가 보였어 PAST라 쓰여 있었어 돌멩이를 주머니에 넣고 집으로 머리맡에 두고 잠을 자다 손가락이 닿았어 갑자기 롤러코스터를 타고 태양 위로 올라가는 느낌이었어
>
> K는 경주 첨성대 앞에 있었어 첨성대의 불빛이 너무나 멋졌어 신라시대에 와 있다는 걸 그때서야 깨달았어 K를 호기심 있게 쳐다보는 양반들과 평민들이 있었어 이상한 복장을 입고 있는 K는 관가로 끌려갔어 1500년 후의 세상에서 왔다고 말했지만 믿어주는 사람은 없었어 감옥에 갇혔어 며칠 후 풀려난 K는 첨성대 공사에 동원되었어 사람들이 무거운 돌을 나르고 있었어 이제 겨우 기초를 쌓고 있었어 K는 자신이 본 첨성대의 기억을 떠올려 돌

을 어떻게 쌓을지 설명해주었어

첨성대가 완성된 후 K에게 찬사가 이어졌어 자신의 의지와는 상관없이 벼슬길에 오르게 되었어 이제 신라에 완전히 적응하게 되었을 때쯤 미래에서 온 또 다른 K가 있다는 걸 알았어 또 다른 K가 그 돌멩이를 벼랑 아래로 떨어뜨렸어 K는 그 돌멩이를 잡았지만 벼랑으로 떨어졌어 학이 날개를 힘차게 펴고 떨어지는 그를 받아서 열심히 날개를 저었어 미래에서 온 또 다른 K도 절벽 아래로 떨어졌어 또 다른 학 한 마리가 K를 태우고 미래로 날아갔어

K는 다시 첨성대 앞에 서 있었어 밤 10시가 넘어서 이제 문을 닫을 시간이라는 멘트가 흘러 나왔어 이제 더 이상 돌멩이가 필요하지 않다고 생각했어 돌멩이를 힘차게 강물에 던졌어 돌멩이가 석양의 햇살을 받으며 풍덩 소리를 내며 잠겼어 과거에서 K는 돌아왔어 1500년 전 죽은 새 한 마리를 산에 묻어준 것을 기억했어 그가 찾은 PAST라는 이름의 돌멩이에는 새의 영혼이 깃들어 있다고 느꼈어 꿈에는 두 가지 종류가 있어 살면서 꾸는 꿈과 자면서 꾸는 꿈이야 그렇지만 주어진 현실에서 최선을 다하며 살아가는 것이야말로 최고의 꿈인 것이지 한낮의 더위에 매미소리가 조금씩 잦아들고 있었어

-「PAST」 전문

이 시는 상상심상법에 의해 쓰여진 시다. 이는 장웅상 시인이 강의하랴, 상담하랴, 경영하랴 바쁜 일정 속에서도 시창작수업을 몇 년째 듣고 있는 덕분에 얻

은 고도의 심층적 심상기법이다. 인간에게는 상상이라는 매우 고귀한 생각의 영역이 있다. 동물들도 회상할 수 있다. 동물들이 자기의 이름을 기억하거나 약간의 심부름을 할 수 있는 것은 회상, 즉 과거를 기억할 수 있기 때문이다. 그리고 세상 모든 것은 현재를 살아간다. 살아있는 모든 것뿐만 아니라 죽어있는 것 자체도 현재라는 구조물 속에 한 영역을 차지하면서 존재한다. 그러나 상상이라는 말은 오직 인간만이 가질 수 있는 특별한 생각이다. 동물들은 미래를 설계하거나 꿈꾸지 못한다. 오직 현재의 배부름을 위해 살아갈 뿐이다. 그러나 인간에게는 상상 속의 세상이라는 특별한 세상이 존재한다. 그걸 우리는 판타지라고 한다. 우리에게는 세 가지의 세상이 존재한다. 하나는 PAST, 즉 과거이고, 두 번째로는 NOW, 즉 지금이고, 또 다른 하나는 FUTURE, 즉 미래이다. 사람들마다 관점은 다르다. 어떤 사람은 과거에 어떻게 살아왔느냐가 미래를 결정짓는다고 하고, 어떤 사람은 과거에 어떻게 살았든 지금이 중요하다고 하며, 어떤 사람은 지금은 어떻게 살든 미래의 더 나은 삶을 위해 희생해야 한다고 한다. 과거는 현재의 아버지이자 미래의 조상이다. 어떻게 살았느냐, 즉 성실하게 살아온 사람만이 성실한 세상을 살아갈 자격이 있고, 아름다운 미래를 꿈꿀 수 있다. 날마다 시를 짓지 않으면 많은 문학적 과거의 업적을 쌓을 수 없고, 장차의 미래에 유명 시인이라는 말과 함께 후배 시인이나 독자들로부터 존경을 받을 수 없다. 결국 지금이 문제다. 지금 무엇을 하고 있느냐가 과거로 쌓여 미래를 결정짓는다. 장웅상 시인은 이 시에서 1500년 전의 과거로 들어갔다가 나오고 있지만 그가 과거로 들어가서 했던 일은 자신이 첨성대를 쌓는 일이었고, 첨성대란 하늘을 바라보며 천체를 관찰하던 시설물로 하늘이란 공간은 결국 인간의 상상이나 미래에 관한 공간이다. 그가 요즘 가장 치중하고 있는 분야의 학문은 문학이고 시(詩)다. 장웅상 시인은 과거라는 말을 통해서 자신의 정체성을 되찾고, 지금의 정서적 감정을 승화하여, 행복한 노후와 존경받는 어른을 꿈꾸고 있는 것이다.

지인이 암 예방에 좋다고
겨우살이를 보내왔다

그해 겨울 우리 집 식량은
싸래기 한 말과 밀기울 서 말
김치 두 독과 고구마 한 둥치뿐이었다

겨우내 싸래기김치죽을 끓이던 엄마는
허기지다 싶을 때면
밀개떡을 빚으셨다

고구마 둥치가 비어가고
이도 저도 끝날 무렵
우리 집 고구마엔 겨우살이가 피었다

그해 눈물겨운 삶에도
정겨운 초록빛 겨우살이가 돋았다

- 「겨우살이」 전문

이 시는 생활을 통해 쓰여진 관찰시이면서 성찰시이다. 겨우살이는 한겨울 깊은 산중에서 참나무 등에 붙어사는 기생식물이다. 눈이 쌓인 산중에서 만나는 겨우살이의 녹색은 산행을 하는 사람들의 눈을 맑게 해준다. 옛사람들은 식량에 대한 관심에 비해 건강에 대한 관심이 상대적으로 적었다. 그런데 점차로 삶이 윤택해지면서 건강식품에 대한 관심이 증폭되고 있다. 비만해지는 사람들이 늘어나고, 인구의 절반 1/3에 가까운 숫자의 사람들이 당뇨병이나 고혈압 등 성인병에 걸려 살아가고 있다. 그래서 현대사회는 모든 식물과 해산물 등이 건강에 도움을 주느냐 안 주느냐가 관건이다. 우리는 이를 웰빙이라 한다. 겨우살이가 몸에 좋다고 알려진 것은 불과 20년 남짓 되었다. 요즘은 높은 나무 위에 매달린 겨우살이를 보면 목숨 걸고 올라가 채취하지만 과거에는 식량이 될 만한 식물, 즉 무릇, 메, 마, 더덕, 잔대 등의 뿌리식물이나 쑥, 냉이, 꽃다지, 씀바귀, 취, 홋잎, 다래순, 망초순, 명아주 등 나물류를 뜯어 연명하며 살았다. 이 시를 읽어보면 장웅상 시인도 가난하게 살았던 것 같다. 6.25전쟁 후 베이비붐 세대로 태어난 그 시절에는 나라가 곤궁했

으므로 너나없이 곤궁했다. 그해 겨울 우리 집 식량은 "싸래기 한 말과 밀기울 서 말 / 김치 두 독과 고구마 한 둥치뿐이었"던 장웅상 시인의 유년시절은 어찌하면 우리 집과 거의 흡사했다. 우리 엄마 역시 장웅상 시인의 어머니처럼 "겨우내 싸래기김치죽을 끓이"셨다. 나는 그래서 지금도 끓인 밥이나 물에 말은 밥을 싫어한다. 우리 어머니 역시 "허기지다 싶을 때면 / 밀개떡을 빚으"셔서 두레반에 둘러앉아 동치미랑 끼니를 때우던 생각이 난다. 화전민이라 밭이 모자라서 고구마 많이 심는 집이 너무나 부러웠다. 우리 집에는 겨우살이가 피어날 만큼의 고구마가 없었다. 초겨울이면 고구마도 감자도 벌써 동나고 옥수수를 맷돌에 둘둘 갈아서 옥수수밥을 먹고 살았다. 정말 그때 겨울의 생각이 고구마 감자에 피어나는 겨우살이처럼 슬프도록 아름답다.

1980년대 성남,
천장 낮은 사글세 단칸방에 삼부자가 살았다

그해 여름 장대비가 방안을 폭격했다
그가 삼부자를 비집고 들어와 방 중앙에 진을 치고 앉았다
그는 쉴 새 없이 빗물을 받아내고
우리는 번갈아 가며 거동 불편한 그의 수발을 들어야 했다

그 후로 매년 이삿짐을 옮기다 그만
그의 손을 놓쳐버렸다

2021년 여름 분당의 아파트 주방에 서서 설거지를 한다
창문 틈으로 정방 폭포가 된 장대비가 흘러내린다

이젠 판잣집도 다 없어지고
그는 어디서 밥벌이를 하고 있을까
그때 손을 놓친 그 친구가
소주잔처럼 알싸하게 그립다

-「빨간 고무대야」 전문

앞서 예로 든 시 「겨우살이」는 어머니와 살았던 추억에 관한 시다. 그리고 이 시 「빨간 고무대야」는 아버지와 살았던 추억에 관한 시다. 앞의 시에서는 아버지가 등장하지 않고, 이번 시에는 어머니가 등장하지 않고 삼부자만 등장한다. 위의 시를 읽으면 홀어머니 밑에 자란 것 같은 생각이 들고, 아래 시를 읽으면 어머니 없이 아버지 밑에서 살았던 것 같은 상상을 불러일으키게 한다. 그런데 이는 시를 매우 잘 쓰는 사람들만 사용할 수 있는 고도의 기술이다. 많은 사람들이 한 시 안에 여러 사건을 등장시키거나 여러 계절, 여러 장소, 여러 명의 사람을 등장시키는데, 그런 시는 실패하기가 쉽다. 장 시인처럼 엄마 이야기를 할 때는 엄마만 집중하는 것이 좋다. 여기서는 삼부자가

고생하였던 이야기를 빨간 고무대야라는 객관적상관물을 통해 3인칭은유심상법으로 풀어가고 있다. 말하자면 빨간 고무대야가 주인공이니 빗물 쏟아지는 방에 받쳐놓았던 빨간 고무대야에 집중을 하며 시를 써내려가고 있는데 이는 고도의 훈련과정을 거친 시인만이 써낼 수 있는 창작기법이다. 식량이 떨어져 날마다 김치죽을 끓여야 하는 겨울과 빗물이 방으로 떨어져 빨간 고무대야를 받쳐놓고 살았던 여름의 추억을 가진 장웅상 시인은 지금 부자가 되었다. 그가 그렇게 열심히 공부해서 박사가 될 수 있었던 것은 아마도 지긋지긋한 가난에서 벗어나고 싶어서였을 것이다. 그런 그의 가난했던 유년 시절에 관한 시는 이 시집 여러 곳에서 나온다. 나는 그가 왜 그리 희생적이고 가슴 따스한 사람이 되었는지 그런 대목에서 알 수 있다. 배가 고팠지만 서로를 챙겨지고 위하며, 불편하지만 서로 불침번을 서며 물이 가득 찬 빨간 고무대야를 갈아주는 환경에서 자란 장웅상이란 어린 꿈나무는 될성부른 나무였던 것이다.

동장군이 매서운 기세를 보인 날 길동역에 갔다
미용사이고 내담자인 그
작가이고 상담자인 나
생각 테이블에 희망의 천을 깔고 카드를 부채꼴로 펼쳤다

고3 때 말수가 아주 적었던 나

나를 언어 장애가 있는 걸로 아셨던 하숙집 아주머니
영어를 밥보다 좋아했던 나는 영문도 모르고 영문학 박사가 되었다
평소에 말 없는 나는 분필만 들면 열변을 톡talk 토한다

나는 강단(剛斷) 있는 강단(講壇)의 남자
라포르 형성을 위해 공부한 타로 1급
카드 속 그림들은 세상의 이야기
나는 그들이 내 귀에 속삭이는 말들을 대독할 뿐

임금님 귀는 당나귀 귀라고 말하고 싶었던 친구는
지금 상자 안 포장도로(包裝道路)에 앉아있다.
풀려라 풀려
수리수리 마수리 수수리 사바하 얍

나에게 있어 타로는 하늘이 준 선물이다

-「타로」 전문

장웅상 시인은 타로 전문 상담가이다. 많은 사람들은 타로를 두고 무당이나 점쟁이들이 하는 주술의 일종으로 보는 사람들이 있는데, 나는 그렇게 생각하지 않는다. 상담에 있어 내담자란 도움이 필요하거나 궁금한 것이 있는 사람을 가리킨다. 상담자인 장웅상 시인은 내담자가 가리키는 타로카드를 펼쳐 내담자의 심리상태를 파악하고 그가 가진 어려움이나 고민을 말로 풀어가는 역할을 한다. 일종의 심리치료사라 할

수 있다. 점은 단순히 그렇다고 판단을 내리는데 끝나지만 타로상담자는 내담자의 입장에서 내담자의 고민을 풀어내는 데 역점을 둔다. 모르는 사람의 심리상태를 파악하고 그 사람의 고민을 풀어준다는 것은 사실 매우 어려운 일이다. 그래서 상담자는 내담자와 많은 대화를 해야만 한다. 그런 과정을 자주 거친 장웅상 시인은 이제 더 이상 눌변도 아니고 의기소침한 사람도 아니다. 그는 이제 많은 사람들의 멘토가 되어 있고, 많은 사람들로부터 존경을 받고 있다. 특히 방송통신대학교에서 공부하고 있는 만학의 학생들에게 그는 최선을 다해 상담에 임한다. 장웅상 시인은 점쟁이가 아니다. 점쟁이는 그 사람의 주머니를 털어낼 목적으로 '삼재가 들었다. 삼살방이다.'라고 하며 엄포를 주지만, 장웅상 시인은 타로를 통하여 그 사람이 진실로 그 문제를 해결하고 난관을 타개해나갈 수 있도록 상담의 밑바탕에 진심을 깔아놓고 내담자를 대한다. 그리하여 내담자가 상담자인 장웅상 시인과 상담을 끝내고 돌아서는 순간 그동안에 가지고 있던 고민과 걱정을 어느 정도 해소하고 환한 얼굴로 되돌아갈 수 있도록 상담에 최선을 다해 임하는 것이다.

월정사 전나무숲 줄무늬 단벌 신사
맨발로 지압하며 유유히 걸어가네
또르르 뺑튀기 하나 눈앞으로 굴러오네

반평생 끼니마다 견과류만 먹었더니
치아는 다 빠지고 임플란트 해야겠네
뻥튀기 손에다 쥐고 한 입을 베어 무네

입 안에 넣자마자 스르르 녹는다네
잠에서 깨어보니 도시의 아파트 안
꼬리는 다 없어지고 두 발로 걷고 있네

냉장고 문을 여니 찰진 음식 가득하네
또다시 눈을 뜨니 숲속의 나무 아래
분수에 만족해하며 자연 속으로 걸어가네

-「다람쥐의 꿈」 전문

이 시는 두 가지의 의미가 있다. 하나는 시조 형식이라는 데 있고 또 다른 하나는 상상으로 쓴 시라는 데 있다. 말하자면 형태상은 시조이고 기법상으로는 상상은유심상법에 속하는 시다. 장웅상 시인은 이 시 말고도 「아버지의 술잔」, 「아버지의 빈자리」 등 몇 수의 또 다른 시조를 선보인다. 장웅상 시인은 단순히 시를 좋아하는 시인을 넘어 이제 문단에 주목받는 시인이 되고 싶은 것이다. 이 시집을 통해 그의 시를 가만히 살펴보면 정말 다양한 방식으로 시가 쓰여져 있다. 기본적으로 관찰은유심상법의 시와 성찰은유심상법의 시를 바탕에 깔아놓고 패러디 시와 말놀이 시, 인유시와 상상시 등 자유롭게 넘나들며 시의 또 다른 맛을 독자에게 보여주고 있는 것이다. 젊은 시인들은 시조를 꺼린다. 젊은 시인들이 시조를 배우지 않은 이유는 틀에 박힌 형식 즉, 제한된 자수 내에서 시를 써내야 하는 자유롭지 못한 시적 환경에 못 견뎌 하는 것이다. 그러나 자유를 위한 자유는 방임이다. 자유란 틀, 즉 법이라는 제도하에 서로 지켜질 때 진정한 자유를 누릴 수 있다. 고등학교를 막 졸업한 일부 젊은이들은 이제 술을 마셔도 되고 담배를 피워도 되며 마음대로 외박하거나, 고성방가로 소리 질러도 되며 오토바이를 타고 폭주를 일삼아도 되는 줄 안다. 남을 해치는 것은 자유가 아니다. 남들의 생활을 보장하며 즐길 때 그것은 진정한 자유가 된다. 시조의 미학도 그러하다. 절제된 형식 내에서 문학의 아름다움을 추구해야 한다. 그러니 자유를 주장하는 젊은 시인들에게 시조는 거추장스러운 문학 장르가 될 수 있다. 그런데 나는 그렇게 생각지 않는다. 적어도 대한민국 국적을 둔 시인이 시조 몇 수 쓰지 않는다면, 기와집을 버리고 빌딩에서만 살겠다는 것, 한복을 벗고 청바지만 입겠다는 주장처럼 들린다. 장웅상 시인이 시조를 쓰고 있는 것도 그러한 맥락에서 바라본다면 시인이라면 꼭 필요한 행동이고 장르이다. 나는 현대시를 쓰는 사람이지만, 시조를 꼭 함께 쓰라고 권하는 사람이다. 일본사람들이 하이쿠를 사랑하듯 우리도 시조를 사랑해야 한다. 축구와 야구, 농구만 사랑할 것이 아니라 태권도와 택견, 씨름과 족구 같은 우리 고유의 운동도 사랑하고 아껴야 할 것이 아닌가?

이상에서처럼 장웅상 시인의 시 몇 수를 주마간산격으로 읽어보면서 그의 울창한 마음의 숲을 여행해 보았다. 그의 숲에는 다양한 부족과 동물들이 살고 있었다. 그의 숲에는 은유라는 부족이 상상을 건축자재로 집을 지어 살고 있었고 관찰이라는 망원경으로 미래를 꿈꾸고 있다. 겸손이라는 거북이와 미지의 세계라는 토끼가 함께 뛰놀고, 상상이라는 나비가 날고 성찰이라는 소가 되새김질하고 있다. 그의 숲은 노자와 장자의 숲이었다. 공자 맹자의 숲은 인간에 의해 다스려지는 숲으로써 마음대로 낚시를 하고 사냥을 한다. 도로를 내기 위하여 산을 허물며 땔감을 빙자하여 벌목을 한다. 그에 반하여 노자와 장자의 숲은 인간에게 우선권이 주어진 숲이 아니라 인간 역시 자연의 일부분으로 함께 살아가는 숲이다. 그래서 채취수렵의 권리가 인간에게 있지 않다는 것을 알아차리고 그렇게 더불어 살아가는 숲이다. 따라서 장웅상의 숲은 공자 맹자의 숲이 아니라 노자와 장자의 숲이다. 장웅상의 숲에는 따스한 마음의 온천이 샘솟고, 밥 짓는 굴뚝 연기가 피어오른다. 이처럼 풍요롭고 울창한 마음의 동식물이 함께 자라고 있는 숲에 초대해주셔서 감사하다. 시집 상재를 진심으로 축하드린다.

장웅상 시집

식물교도소

초판발행일 2022년 05월 31일

지은이 : 장웅상
발행인 : 김순진
편집장 : 전하라
디자인 : 김초롱
펴낸곳 : 도서출판 문학공원
등　록 : 2004년 3월 9일 제6-706호
주　소 : 우편번호 03382 서울 은평구 통일로 633
　　　　녹번오피스텔 501호 스토리문학사
전　화 : 02-2234-1666
팩　스 : 02-2236-1666
홈페이지 : http://cafe.daum.net/yob51
이메일 : 4615562@hanmail.net

※ 책값은 뒤표지에 있습니다.